bolos e docinhos decorados

bolos e docinhos decorados

Juliet Stallwood

PUBLIFOLHA

The icing on the cake foi publicado no Reino Unido e na Irlanda em 2013 pela Duncan Baird Publishers Ltd., 75-76 Wells Street, 6º andar, Londres W1T 3QH.

Dados Internacionais de Catalogação na Publicação (CIP)
(Câmara Brasileira do Livro, SP, Brasil)

Stallwood, Juliet
Bolos e docinhos decorados / Juliet Stallwood ; [traduzido por Dulcy Grisolia]. – São Paulo : Publifolha, 2013.

Título original: The icing on the cake.
ISBN 978-85-7914-426-4

1. Bolos (Culinária) 2. Decorações de bolos I. Título.

12-15183 CDD-641.8653

Índice para catálogo sistemático:
1. Decoração de bolos : Culinária 641.8653

Este livro segue as regras do Acordo Ortográfico da Língua Portuguesa (1990), em vigor desde 1º janeiro de 2009.

Impresso na Worldprint, China.

PUBLIFOLHA

Divisão de Publicações do Grupo Folha
Al. Barão de Limeira, 401, 6º andar
CEP 01202-900, São Paulo, SP
Tel.: (11) 3224-2186/2187/2197
www.publifolha.com.br

COORDENAÇÃO DO PROJETO: PUBLIFOLHA
Editora assistente: Paula Dume
Coordenadora de produção gráfica: Mariana Metidieri

PRODUÇÃO EDITORIAL E EDITORAÇÃO ELETRÔNICA: CLIM EDITORIAL
Tradução: Dulcy Grisolia
Preparação: Frank de Oliveira
Revisão: Antonio Carlos Marques e Antonio Mello
Consultoria: Laura Tremolada

EDIÇÃO ORIGINAL: DUNCAN BAIRD PUBLISHERS
Gerente editorial: Grace Cheetham
Editoras: Alison Bolus e Krissy Mallett
Diretora de arte: Manisha Patel
Produção: Uzma Taj
Fotografia: Jon Whitaker
Produção culinária: Juliet Stallwood
Produção de acessórios: Lucy Harvey

NOTA DO EDITOR

Apesar de todos os cuidados tomados na elaboração das receitas deste livro, a Duncan Baird Publishers não se responsabiliza por erros ou omissões decorrentes da preparação dos pratos.

Pessoas com restrições alimentares, grávidas e lactantes devem consultar um médico especialista sobre os ingredientes de cada receita antes de prepará-la.

As fotos deste livro podem conter acompanhamentos ou ingredientes meramente ilustrativos.

Observações, exceto se orientado de outra forma:
- Use sempre ingredientes frescos
- O forno deve ser preaquecido na temperatura indicada na receita

Equivalência de medidas:
- 1 colher (chá) = 5 ml
- 1 colher (sopa) = 15 ml
- 1 xícara = 250 ml

DEDICATÓRIA

Para meus meninos

Sumário

Introdução

Estou escrevendo este livro sentada em uma mesa antiga de pinho no café do vilarejo de Dorset. Minha nova confeitaria fica no primeiro andar, com seus balcões brilhantes, fornos e prateleiras. Através da vitrine vejo a escola primária do vilarejo, a igreja, minha casa e as colinas de Cranbourne Chase à distância. É um lugar muito inspirador para morar e decorar bolos e biscoitos.

Minha família mudou-se de West Sussex para Dorset, onde eu trabalhava como designer gráfica com meu irmão e sua esposa. Foi aqui que meus meninos, que agora têm 15 e 13 anos, nasceram. Conforme foram crescendo, eu esperava ansiosamente para fazer seus bolos de aniversário, e essas primeiras criações despertaram meu prazer pela decoração. Comecei fazendo bolos inovadores baseados na última onda que as crianças estivessem seguindo. Logo comecei a receber pedidos de amigos e da família, cada vez mais diferentes e desafiadores. Sempre sentia que o último bolo que tinha feito havia ficado melhor do que o anterior. Aprendi coisas novas em cada projeto, e, embora eu só conhecesse decoração de bolos pelo que tinha lido, tudo parecia muito natural para mim.

Nos anos seguintes, a decoração de bolos continuou a ser um hobby que eu gostava de verdade. Eu amava todo o processo – projetar, assar e, obviamente, decorar. De qualquer forma, sempre me senti muito recompensada (e ainda me sinto) ao ver a expressão do destinatário ou ao receber um e-mail de agradecimento das pessoas contando como ficaram satisfeitas. Quando mudei para minha cidadezinha, encaixei a confecção de bolos entre outros compromissos, a princípio apenas para a família e os amigos. Mas percebi que estava trabalhando como designer gráfica cada vez menos e fazendo bolos cada vez mais. Meu envolvimento com a escola primária aumentava as possibilidades de vender bolos – um eterno campeão no playground. Usei essas vendas para aplicar, em meus pequenos cupcakes, técnicas que aprendi com meus bolos de festas inovadores. Sempre fiquei animada com a oportunidade de experimentar novas ideias. Mesmo agora, assim que uma amiga diz que alguém vai fazer um evento, seja um casamento, seja uma reunião para um café, eu pergunto se posso ajudar ou, falando mais claramente, digo: “Posso fazer um bolo?”

Conforme meus bolos ficavam mais sofisticados, comecei a prestar mais atenção aos detalhes. No outono de 2010, vi uma foto de alguns biscoitos em um estilo bem decorativo. Nunca tinha visto nada assim antes e sabia que tinha de experimentar aquela técnica. A oportunidade surgiu quando compareci a uma reunião na escola de meus filhos para falar sobre o próximo bazar de Natal. Sem pensar, ofereci minha ajuda para montar uma barraca para vender biscoitos decorados.

Após ter sido dada a largada, comecei a pensar sobre o que eu realmente faria. Sonhava com a imagem que queria passar aos consumidores, os quais esperava que viessem em bandos à minha barraca. Não queria que pensassem que eu apenas tinha feito biscoitos para vender na feira e nada mais. Queria que entendessem que eu amava fazer bolos e biscoitos. A preparação interminável dos biscoitos de Natal se aliava aos esquemas de projetos de decoração no computador. Fiz testes, dia após dia, e, quando a data do bazar chegou, já tinha tudo organizado. Houve um consumidor que simplesmente não acreditava que até algumas semanas antes eu nunca tinha assado um biscoito. Esse foi o ponto de partida para transformar minhas decorações em um negócio.

Os meses seguintes voaram enquanto eu passava horas sentada à mesa da cozinha desenvolvendo ideias para a Páscoa e para o Dia dos Namorados. Minha nova carreira ainda estava no início, mas decidi criar um site (novamente com a ajuda da família), o que aumentou minha clientela. Bolos eram um produto mais complicado, uma vez que só podiam ser vendidos para os consumidores locais. Ainda assim, a decoração deles continuou como algo sério, de mãos dadas com outras delícias como macarons e cupcakes. Por outro lado, os biscoitos abriram as portas para o mundo – eles podem ser enviados pelo correio para qualquer lugar –, e, no último ano, comecei a refinar minhas técnicas a cada novo projeto.

No começo, os livros que li me inspiraram a praticar, aperfeiçoar e, consequentemente, ter confiança para criar meus próprios desenhos e técnicas. A decoração abre um mundo de possibilidades. Quase todas as imagens podem ser transformadas em um bolo ou em um biscoito. De um fantasma a um bule de chá, de uma galinha a uma bolsa. O projeto é sempre emocionante – alguns esboços, um pouco de cor, uns enfeites... e pronto. O processo de decoração sempre envolve muitas etapas, e é preciso ter paciência e mão firme para continuar. Mas, quando você perceber como um projeto ganha vida quando a última gota de cobertura é colocada, com certeza vai concordar que vale a pena a demora no preparo.

Amo o que faço e adoro compartilhar minha paixão. Recentemente, passei a dar cursos na confeitaria, para ensinar a outros apaixonados as habilidades e técnicas que aprendi ao longo do caminho. Este livro é uma continuação desse objetivo: ajudar você a aprender no seu próprio ritmo, em sua casa.

Os projetos não precisam ser complicados para se mostrarem eficazes. Na realidade, os mais simples são sempre os melhores. Neste livro, há sugestões que são bem rápidas e fáceis de fazer para decoradores novatos e outras que podem demandar um pouco mais de tempo e paciência. No capítulo 1 – Decorar para agradar –, você vai encontrar doces maravilhosos que podem ser servidos em qualquer data. O capítulo 2 – Decorar por amor – revela a arte do romance e inclui ideias inspiradoras para eventos como casamentos, aniversários e o Dia dos Namorados. O capítulo 3 – Decorar para comemorar – está repleto de delícias para festas de aniversário, chás de bebê e outras ocasiões especiais. O capítulo 4 – Decorar para impressionar – é a parte mais importante. Nele, você descobrirá como fazer peças extravagantes que surpreenderão a família e os amigos.

Não importa qual seja o seu nível de habilidade, este livro vai ajudar você a apresentar belíssimos doces decorados para encher os olhos e dar água na boca!

Juliet Stallwood

CAPÍTULO 1

Você não precisa esperar por uma ocasião especial para fazer delícias decoradas. Com um pouco de tempo e alguns equipamentos básicos, você pode facilmente transformar uma pequena reunião familiar de um domingo ou um café com amigos em uma tarde muito prazerosa. Pode ser algo simples como Florentines com chocolate, gostoso como as Tortinhas de frutas vermelhas ou impressionante como os Cupcakes de chocolate com rosas.

DECORAR PARA AGRADAR

Bolo com pétalas de rosa cristalizadas

RENDE 1 BOLO
pétalas comestíveis de 1-2 rosas cor-de-rosa ou vermelhas
1 clara grande levemente batida
½ xícara (chá) de açúcar
2 Bolos básicos de baunilha de 15 cm de diâmetro (pp. 62-3)
½ receita de Glacê de manteiga com baunilha (p. 16)

VOCÊ VAI PRECISAR DE
pincel pequeno
assadeira forrada com papel--manteiga
tábua para bolo de 15 cm de diâmetro

DICA
As pétalas de rosa cristalizadas podem ser conservadas em um recipiente hermeticamente fechado, forrado com papel--manteiga, por até 1 semana. Não guarde na geladeira para não ficarem úmidas.

1 Separe cuidadosamente as pétalas de rosa para não danificá-las. Com o pincel, remova qualquer resíduo delas. Descarte as que estiverem danificadas ou desbotadas. Coloque-as sobre a assadeira preparada.

2 Pincele delicadamente os dois lados de cada pétala com a clara batida **(a).** Elas devem ser totalmente pinceladas, pois, se alguma parte ficar sem a clara, o açúcar não grudará e o acabamento não ficará uniforme.

3 Coloque o açúcar em uma tigela. Segure uma pétala acima da tigela e, delicadamente, com uma colher de chá **(b)**, polvilhe o açúcar nela. Certifique-se de que ela foi totalmente recoberta. Sacuda a pétala para cair o excesso de açúcar e coloque-a de volta sobre a assadeira. Repita o processo até que todas tenham sido cristalizadas. Deixe-as secar descobertas de um dia para o outro em temperatura ambiente.

4 Acompanhe as instruções da p. 150 e use uma tábua de bolo para dar firmeza à base, divida o bolo em camadas e recheie-o com o glacê de manteiga para obter uma massa alta. Siga as instruções da p. 152 para cobrir o bolo com o restante do glacê de manteiga. Leve à geladeira por 2 horas.

5 Quando o glacê estiver firme, transfira o bolo para um prato e decore-o com as pétalas já secas.

(a)

(b)

Minicupcakes com enfeites de chocolate

RENDE 24 CUPCAKES

50 g de cobertura de chocolate ao leite
½ receita de Cobertura de baunilha tingida de lilás (p. 118)
½ receita de Cobertura de baunilha tingida de azul-turquesa (p. 118)
24 Minicupcakes de chocolate assados em miniforminhas de papel-alumínio (p. 129)

VOCÊ VAI PRECISAR DE

moldes de enfeites de chocolate (p. 162)
folha de papel sulfite A4
papel-manteiga
saco de confeitar com bico perlê nº 2
saco de confeitar com bico pitanga aberta de 1 cm

DICA

O chocolate para cobertura pode ser amargo, meio amargo, ao leite ou branco. A cobertura é mais fácil de usar porque, ao contrário do chocolate em barra, não necessita ser temperada. Aquecer e resfriar o chocolate (temperagem) sem controlar a temperatura provoca o aparecimento de manchas na superfície. O chocolate vai esfarelar em vez de quebrar.

1 Trace 24 desenhos na folha de papel sulfite e coloque uma folha de papel-manteiga por cima **(a)**.

2 Coloque a cobertura de chocolate em banho-maria. Aqueça, mexendo de vez em quando, até derreter. Outra opção é derreter a cobertura no micro-ondas em um recipiente aberto, em potência média, por 2 minutos, ou até derreter completamente, mexendo a cada 30 segundos. O chocolate deve ficar com consistência macia e líquida, similar à do creme de leite.

3 Coloque a cobertura de chocolate no saco de confeitar com o bico perlê nº 2. Pressione delicadamente sobre os contornos **(b)** para fazer os 24 desenhos. (Veja dicas de confeitaria e técnicas nas pp. 157-9.) Deixe os contornos esfriarem por pelo menos 10 minutos para endurecerem. Se preferir, coloque-os na geladeira para apressar o processo.

4 Coloque o glacê lilás no saco de confeitar com o bico pitanga aberta e faça uma espiral grande sobre metade dos minicupcakes (p. 157). Limpe o saco de confeitar e repita o processo com o glacê azul-turquesa até que todos os minicupcakes tenham sido decorados.

5 Usando uma faca, retire delicadamente cada desenho de chocolate do papel-manteiga, manuseando com cuidado, pois são muito frágeis, e prenda-os com calma no glacê. Repita a operação até decorar todos os minicupcakes com desenhos de chocolate.

(a)

(b)

Glacê de manteiga básico

RENDE 500 G

250 g/1²⁄₃ xícara (chá) de açúcar de confeiteiro

250 g de manteiga com sal em temperatura ambiente

corantes alimentícios (opcional)

VOCÊ VAI PRECISAR DE

batedeira

DICA

Uma receita de glacê de manteiga é suficiente para cobrir um bolo de 20 cm de diâmetro, 12 cupcakes ou 24 minicupcakes. (Para saber a quantidade necessária para cobrir e rechear bolos de tamanhos diferentes, veja a p. 155.)

Os glacês de manteiga ajudam a manter a umidade do bolo, sendo usados frequentemente para rechear e cobrir o bolo antes de colocar a pasta americana. Eles podem ser preparados em uma grande variedade de sabores para complementar a receita do bolo (veja abaixo). O glacê básico, com baunilha, e o cítrico também podem ser tingidos com corantes alimentícios. Para colorir, simplesmente adicione uma pequena quantidade de corante alimentício ao glacê e misture até a cor ficar homogênea. Repita o processo, acrescentando mais corante aos poucos, até obter a coloração desejada. (Veja mais dicas sobre recheios e cobertura de bolos com glacê de manteiga nas pp. 150-2 e para cobertura de cupcakes na p. 118.)

Para fazer o glacê de manteiga básico, peneire o açúcar de confeiteiro em uma tigela. Adicione a manteiga e bata na batedeira por 5 minutos até ficar claro, leve e fofo.

Variações

Glacê de manteiga com café: bata 2 colheres (chá) (ou mais, a gosto) de essência de café com o açúcar de confeiteiro e a manteiga.

Glacê de manteiga com chocolate: bata com a manteiga 220 g/1⅓ xícara (chá) de açúcar de confeiteiro e 30 g/⅓ de xícara (chá) de cacau em pó.

Glacê de manteiga cítrico: adicione raspas de 1 limão grande ou de 1 laranja à mistura de manteiga e açúcar de confeiteiro.

Glacê de manteiga mocha: adicione 220 g/1⅓ xícara (chá) de açúcar de confeiteiro, 30 g/⅓ de xícara (chá) de cacau em pó e 1 colher (chá) de essência de café (ou mais, a gosto) à manteiga.

Glacê de manteiga com baunilha: adicione 2 colheres (chá) de extrato de baunilha à mistura de manteiga e açúcar de confeiteiro.

Ganache de chocolate

RENDE 600 G

300 g de chocolate meio amargo (com pelo menos 53% de cacau) quebrado em pedaços ou gotas de chocolate

300 ml/1¼ xícara (chá) de creme de leite fresco

DICA

Se os ingredientes se separarem, aqueça um pouco mais de creme de leite e adicione, mexendo até ficar uniforme. Uma receita rende ganache suficiente para cobrir um bolo de 20 cm ou 12 cupcakes.

1 Coloque o chocolate em banho-maria, em fogo baixo, até derreter, mexendo de vez em quando. Outra opção é levar o chocolate ao micro-ondas, em potência média, por 2 minutos, ou até derreter, mexendo a cada 30 segundos para não queimar.

2 Coloque o creme de leite fresco em uma panela e leve-o para ferver em fogo baixo. Despeje o creme de leite quente sobre o chocolate derretido. Bata até engrossar e ficar maleável, mas não demais, pois a mistura pode se separar.

3 Antes de usar, deixe a ganache esfriar por 10 minutos ou até começar a endurecer. As sobras podem ser conservadas em embalagem hermética na geladeira por até 1 mês.

Use o glacê de manteiga nas seguintes receitas do livro:

Bolo com pétalas de rosa cristalizadas
pp. 12-3

Fondant fancies com flores frescas
pp. 18-9

Bolo com leque de chocolate
pp. 30-1

Bolo dos namorados com tubinhos de chocolate
pp. 48-9

Bolo caixa de chocolate com trufas
pp. 52-5

Bolo de casamento com pompom
pp. 60-1

Bolo do dragão
pp. 74-5

Bolo de batizado com flores brancas
pp. 84-5

Bolinhos minifantasmas
pp. 90-1

Bolas festivas decoradas
pp. 92-5

Bolo de Natal
pp. 96-7

Docinhos com borboletas
pp. 116-7

Bolo bule de chá
pp. 122-5

Cupcakes com rosas
pp. 126-7

Bolo caixa de presente
pp. 134-5

Bolo da ratinha com margaridas
pp. 136-9

Use a ganache de chocolate nas seguintes receitas do livro:

Bolo com leque de chocolate
pp. 30-1

Bolo de casamento marfim com flores
pp. 114-5

Fondant fancies com flores frescas

RENDE 16 DOCINHOS

1 Bolo básico de baunilha quadrado gelado de 18 cm de lado (pp. 62-3)
1 receita de Calda de açúcar e baunilha (p. 119)
½ receita de Glacê de manteiga com baunilha (p. 16)
2 colheres (sopa) bem cheias de geleia de framboesa sem sementes
açúcar de confeiteiro, para polvilhar
175 g de marzipã
2 colheres (sopa) de geleia de damasco peneirada
600 g/3¾ xícaras (chá) de açúcar de confeiteiro peneirado
corante alimentício marfim em pasta
corante alimentício lilás em pasta
16-20 flores comestíveis frescas pequenas

VOCÊ VAI PRECISAR DE

nivelador de bolo ou faca grande serrilhada
pincel
espátula de confeiteiro
espaçador de marzipã de 5 mm
régua
faca afiada
alisador de bolo
assadeira forrada com papel-manteiga
16 forminhas de papel ou de papel-alumínio para cupcakes
saco de confeitar

DICAS

Se o marzipã grudar no rolo de macarrão, polvilhe açúcar de confeiteiro nele antes de continuar a abrir a massa.

Prepare o bolo de baunilha um dia antes. Deixe-o descansar de um dia para o outro para ficar mais firme.

1 Leve o bolo à geladeira por pelo menos 1 hora ou até que fique gelado e firme, pois assim será mais fácil cortá-lo. Usando o nivelador, tire as irregularidades do topo do bolo e, em seguida, corte-o horizontalmente ao meio. Pincele os lados cortados com calda de açúcar e, depois, com a espátula, espalhe uma camada fina de glacê de manteiga sobre uma parte e uma camada fina de geleia de framboesa sobre a outra. Coloque cuidadosamente uma parte sobre a outra, embrulhe em filme de PVC e leve à geladeira preferivelmente por 2 horas ou por pelo menos 30 minutos. (Veja dicas de como cortar em camadas e rechear bolos na p. 150.)

2 Enquanto isso, polvilhe açúcar de confeiteiro na superfície de trabalho e amasse o marzipã até ficar macio. Abra-o com o rolo de macarrão até ficar com 5 mm de espessura e corte um quadrado suficientemente grande para cobrir o topo do bolo.

3 Quando o bolo estiver gelado, retire da geladeira e desembrulhe do PVC. Aqueça a geleia de damasco em fogo baixo, mexendo de vez em quando até ficar com uma consistência fácil de espalhar. Se preferir, coloque a geleia de damasco no micro-ondas, em uma tigela pequena e destampada, em potência média, por 20 segundos. Passe uma camada fina de geleia sobre o bolo e, com cuidado, cubra com o marzipã sem esticar nem puxar. Alise o marzipã com as mãos e depois com o alisador para obter uma superfície plana.

4 Apare as laterais do bolo e corte um quadrado de 16 cm de lado. Com uma faca afiada, marque 16 quadrados iguais de 4 cm de lado. Com uma faca grande serrilhada, corte os 16 quadrados. Transfira os pedaços para a assadeira, cubra com filme de PVC e leve à geladeira.

5 Em uma tigela, prepare o fondant: coloque o açúcar de confeiteiro e vá adicionando água aos poucos até obter um glacê suficientemente espesso para recobrir as costas de uma colher. Procure deixá-lo mais firme que de costume porque os corantes amolecerão o glacê. Divida o fondant em duas tigelas e tinja uma de marfim e a outra de lilás. Cubra as tigelas com filme de PVC para o fondant não secar.

6 Retire metade dos pedaços de bolo da geladeira. Seguindo as instruções da p. 151, cubra esses oito pedaços com o fondant marfim e coloque em forminhas de cupcake, reservando-os até que esfriem e a cobertura fique firme. Repita a operação com os outros oito quadrados de bolo e o fondant lilás. Guarde o fondant que sobrar em recipiente hermético.

7 Quando a cobertura dos fancies estiver firme, coloque um pouco de fondant no saco de confeitar e faça um pontinho sobre cada doce para fixar uma flor comestível.

Biscoitos de chocolate recheados

RENDE 12 BISCOITOS

200 g/1 xícara (chá) rasa de açúcar
240 g de manteiga com sal em temperatura ambiente
1 ovo grande batido
280 ml/1¼ xícara (chá) rasa de creme de leite
2 colheres (chá) de extrato de baunilha
185 g/1½ xícara (chá) de farinha de trigo
1 colher (chá) de bicarbonato de sódio
70 g/½ xícara (chá) de cacau em pó (pressione para medir)
225 g/1¾ xícara (chá) de açúcar de confeiteiro peneirado
210 g de marshmallow cremoso (caseiro ou comprado pronto)
60 g de confeitos brancos ou coloridos

VOCÊ VAI PRECISAR DE

batedeira
2 assadeiras forradas com papel-manteiga e uma quantidade extra de papel-manteiga para forrar novamente as assadeiras
concha para sorvete com extrator (opcional) de 4,5 cm
espátula de confeiteiro
saco de confeitar

1 Preaqueça o forno a 170°C. Bata o açúcar e 115 g de manteiga na batedeira até ficar leve e fofo. Diminua a velocidade para média-baixa e, aos poucos, adicione o ovo, o creme de leite e 1 colher de (chá) de extrato de baunilha. (Se a mistura começar a talhar, adicione um pouco de farinha de trigo.) Peneire a farinha, o bicarbonato de sódio e o cacau por cima e continue batendo até a mistura ficar homogênea. Cubra com filme de PVC, leve à geladeira e deixe por 30 minutos, para firmar.

2 Trabalhando em fornadas, use a concha de sorvete ou uma colher para fazer 12 bolas com metade da massa. Arrume as bolas sobre as assadeiras forradas deixando um espaço de 6 cm entre uma e outra para que possam crescer. Cubra o restante da massa com filme de PVC e coloque de volta na geladeira enquanto assa a primeira fornada. Asse os biscoitos por cerca de 10 minutos ou até estarem firmes ao toque. Retire do forno.

3 Deslize o papel-manteiga com os biscoitos sobre uma grade de metal para que esfriem completamente. Enquanto isso, forre as assadeiras novamente com papel-manteiga e repita os passos 2 e 3 com o restante da massa.

4 Para preparar o recheio, bata o açúcar de confeiteiro, 1 colher (chá) de extrato de baunilha e o restante da manteiga na batedeira por 2 minutos, ou até ficar macio. Adicione o marshmallow, aumente a velocidade para média-alta e bata por mais 3 minutos, até a mistura ficar clara e fofa.

5 Depois de frios, remova delicadamente os biscoitos do papel-manteiga usando a espátula. Coloque o recheio no saco de confeitar e corte 1 cm da ponta, se necessário. Cubra o lado liso de um biscoito com uma espiral plana, começando na borda e girando até o centro. Junte outro biscoito para formar um biscoito recheado.

6 Coloque os confeitos em uma vasilha rasa. Segure o biscoito recheado de pé sobre a vasilha e, usando uma colher de chá, salpique os confeitos na borda do recheio, girando o biscoito para que o acabamento fique por igual. Retire o excesso de confeitos balançando o biscoito e coloque-o em um prato. Recheie e decore um biscoito por vez até finalizar todos.

Cupcakes de chocolate com rosas

RENDE 12 CUPCAKES

12 Cupcakes de chocolate assados em forminhas de papel-alumínio (p. 129)
1 receita de Cobertura básica tingida de rosa-claro (p. 118)

VOCÊ VAI PRECISAR DE

faca pequena serrilhada
saco de confeitar com bico estrela fechada grande
12 palitos de pirulito de papel com cerca de 15 cm de comprimento
vaso e folhagem natural (opcional)
pedaços de fita (opcional)

DICAS

Para conseguir uma aparência de rosa, faça a espiral o mais plana possível, não sobrepondo a cobertura enquanto confeita.

Se for usar folhagem natural, não coloque água no vaso porque os palitos de papel ficarão encharcados, sem condições de manter os cupcakes firmes.

1 Usando uma faca pequena serrilhada, apare o topo dos cupcakes para deixar a superfície plana.

2 Coloque a cobertura no saco de confeitar. Faça uma espiral plana (p. 157) sobre cada cupcake, começando pelo centro **(a)** e girando até a borda **(b)**. (Veja dicas de confeitaria nas pp. 157-9.)

3 Com um espeto, faça um furo no meio da base de cada cupcake, atravessando a forminha de papel e o cupcake por cerca de 2,5 cm. Espete um palito em cada furo e arrume os cupcakes em um vaso com folhagem para criar um arranjo de centro. Se quiser, decore cada palito com um laço de fita.

(a)

(b)

Família biscoito de gengibre

RENDE 12 BISCOITOS
açúcar de confeiteiro, para polvilhar
50 g de Pasta americana colorida em uma ou mais cores (pp. 160-1)
100 g de Glacê real branco com picos suaves (p. 46)
12 biscoitos feitos com uma receita de massa de Biscoitos de gengibre (p. 27), cortados com os moldes da Família biscoito de gengibre (p. 163)
cola comestível
glitter comestível (opcional)

VOCÊ VAI PRECISAR DE
rolo de macarrão pequeno
cortadores circulares de 15 mm e 10 mm
palito
espátula de confeiteiro
assadeira forrada com papel--manteiga
saco de confeitar com bico perlê nº 2
pincel pequeno

DICAS
Se não tiver um cortador circular de 10 mm, use o lado plano de um lápis coberto com filme de PVC, para marcar o relevo dos botões.

Você precisa fazer os botões pelo menos um dia antes de usá-los. Para variar, experimente fazer botões em formato de flor ou de coração.

1 Polvilhe um pouco de açúcar de confeiteiro na superfície de trabalho e amasse a pasta americana até que fique macia e maleável. Abra a pasta com o rolo até ficar bem fina. Para fazer os botões, corte dois círculos de 15 mm por biscoito grande e um círculo por biscoito pequeno.

2 Enquanto os botões ainda estiverem macios, coloque o cortador de 10 mm no centro de cada um e pressione levemente para marcar um círculo no meio dos botões **(a)**. Não corte até o fim. Use o palito para fazer 4 furinhos no meio e criar o efeito de um botão **(b)**. Pegue a espátula e transfira cuidadosamente os botões para a assadeira. Deixe-os descobertos, secando de um dia para o outro, em um local fresco e seco.

3 Quando os botões estiverem secos, coloque um pouco de glacê real no saco de confeitar. Aplique no contorno de cada biscoito e, depois, faça o rosto em cada um deles. Você também pode fazer detalhes das roupas (veja a foto). Para fixar os botões, aplique pequenos pontos de glacê no centro dos biscoitos e coloque o botão em cima. Deixe os biscoitos em um local fresco e seco, por pelo menos 30 minutos, para o glacê firmar.

É muito fácil dar um pouco mais de glamour aos bonecos de biscoito de gengibre. Depois que os botões estiverem secos, pincele-os com um pouco de cola comestível. Mergulhe a ponta de uma colher de chá em glitter comestível e salpique delicadamente nos botões. (Veja dicas de decoração com o uso de glitter polvilhado na p. 45.) Repita até que todos os botões tenham glitter. Coloque no pote o excesso de glitter recolhido no papel-manteiga. Espere até que a cola seque completamente antes de colar os botões nos biscoitos.

(a)

(b)

Biscoitos básicos

RENDE CERCA DE 30 BISCOITOS

- **250 g de manteiga com sal em temperatura ambiente**
- **200 g/1 xícara (chá) rasa de açúcar**
- **1 ovo grande batido levemente**
- **450 g/3⅔ xícaras (chá) rasas de farinha de trigo**

VOCÊ VAI PRECISAR DE

- **batedeira**
- **rolo de macarrão**
- **espátula de confeiteiro**
- **2 assadeiras forradas com papel-manteiga**

1 Bata a manteiga e o açúcar na batedeira até a mistura ficar clara e fofa. Adicione o ovo e bata até a mistura ficar homogênea. Peneire a farinha por cima e mexa bem.

2 Preaqueça o forno a 180°C. Abra a massa com o rolo e corte os biscoitos conforme as instruções da p. 148. Se houver sobra de massa, embrulhe-a em filme de PVC e guarde na geladeira por 1 semana ou no freezer por 3 meses. Transfira os biscoitos para a assadeira com a espátula, deixando um espaço de 3 cm entre eles para que possam crescer.

3 Asse os biscoitos por 8 minutos ou até ficarem dourados e depois retire-os do forno. Transfira-os com a espátula para uma grade de metal e deixe esfriar completamente. Se não for decorá-los imediatamente, guarde-os em um recipiente hermético.

Variações

Amêndoas: bata 1 colher (chá) de essência de amêndoas com a manteiga e o açúcar.
Chocolate: use 375 g/3 xícaras (chá) rasas de farinha e 75 g/2¾ xícaras (chá) de cacau em pó.
Cítrico: bata as raspas de 1 limão ou de 1 laranja com a manteiga e o açúcar.
Baunilha: bata 1 colher (chá) de extrato de baunilha com a manteiga e o açúcar.

Use os biscoitos básicos nas seguintes receitas do livro:

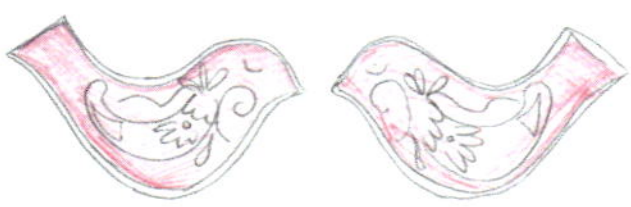

Passarinhos apaixonados
pp. 42-3

Biscoitos com filigranas e glitter
pp. 44-5

Biscoito espartilho
pp. 50-1

Biscoito flor de casamento
pp. 58-9

Biscoito coração com rosa
pp. 64-5

Biscoito guirlanda natalina
pp. 72-3

Biscoito de Ação de Graças
pp. 82-3

Biscoito galinha da Páscoa
pp. 98-9

Biscoito do Dia das Mães
pp. 100-3

Biscoitos de gengibre

RENDE CERCA DE 20 BISCOITOS

- **100 g/½ xícara (chá) de açúcar mascavo**
- **2 colheres (sopa) mais 1½ colher (chá) de glicose de milho**
- **2 colheres (sopa) de melado**
- **2 colheres (sopa) de gengibre em pó**
- **2 colheres (sopa) de canela em pó**
- **125 g de manteiga com sal gelada e picada em cubinhos**
- **½ colher (chá) de bicarbonato de sódio**
- **280 g/2¼ xícaras (chá) de farinha de trigo**

VOCÊ VAI PRECISAR DE

- **rolo de macarrão**
- **espátula de confeiteiro**
- **2 assadeiras forradas com papel-manteiga**

1 Coloque o açúcar, a glicose de milho, o melado, o gengibre, a canela em pó e 2 colheres (sopa) de água em uma panela. Cozinhe em fogo médio-alto, mexendo de vez em quando, até levantar fervura. Retire a panela do fogo e adicione a manteiga. Mexa até ela derreter e a mistura ficar homogênea. Adicione o bicarbonato de sódio. Coloque a mistura em uma vasilha e deixe esfriar por 30 minutos. Peneire a farinha por cima e mexa até ficar homogêneo.

2 Preaqueça o forno a 180ºC. Abra a massa de gengibre e corte os biscoitos seguindo as instruções da p. 148. Embrulhe bem qualquer sobra de massa com filme de PVC e guarde na geladeira por 1 semana ou no freezer por 3 meses. Use a espátula para transferir os biscoitos para as assadeiras deixando um espaço de 3 cm entre eles para que possam crescer.

3 Asse os biscoitos por 8 minutos ou até que as bordas tostem um pouco. Retire do forno. Use a espátula para passar os biscoitos para uma grade de metal e deixe-os esfriar por completo. Se não for decorá-los imediatamente, guarde-os em um recipiente hermético.

Use os biscoitos de gengibre nas seguintes receitas do livro:

Família biscoito de gengibre
pp. 24-5

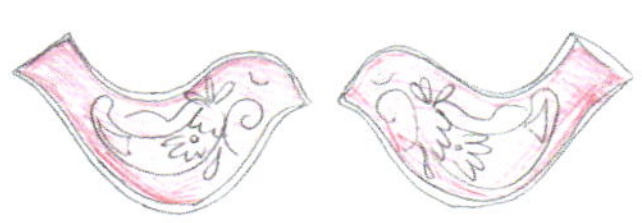

Passarinhos apaixonados
pp. 42-3

Biscoitos com filigranas e glitter
pp. 44-5

Biscoito espartilho
pp. 50-1

Biscoito flor de casamento
pp. 58-9

Biscoito coração com rosa
pp. 64-5

Biscoito guirlanda natalina
pp. 72-3

Casa de biscoito de gengibre
pp. 78-81

Biscoito de Ação de Graças
pp. 82-3

Biscoito galinha da Páscoa
pp. 98-9

Biscoito do Dia das Mães
pp. 100-3

Minibrownies decorados

RENDE 30 MINIBROWNIES

200 g de manteiga com sal picada em cubinhos
150 g de chocolate amargo
50 g de chocolate ao leite
375 g/1⅔ xícara (chá) de açúcar
3 ovos grandes
½ colher (chá) de extrato de baunilha
125 g/1 xícara (chá) de farinha de trigo
½ colher (chá) de fermento em pó
200 g de cobertura de chocolate
folha de transfer para chocolate

VOCÊ VAI PRECISAR DE

mixer
assadeira de 25 cm x 30 cm
papel-manteiga para forrar a assadeira mais um pouco para forrar a folha de transfer (veja dicas de como forrar fôrmas na p. 149)
régua
espátula de confeiteiro
faca afiada

DICA

As folhas de transfer para chocolate são folhas de acetato decoradas com manteiga de cacau e corante alimentício em pó. Quando se espalha chocolate derretido por cima e deixa-se até firmar, os desenhos são transferidos para o chocolate. Há muitos desenhos on-line disponíveis. Para os iniciantes, é mais fácil transferir os desenhos para a cobertura de chocolate derretida, que não precisa ser temperada e está disponível nos sabores amargo, ao leite e branco. Aquecer e resfriar o chocolate sem controlar a temperatura pode causar o aparecimento de manchas na superfície, por isso recomenda-se o uso da cobertura.

1 Preaqueça o forno a 180°C. Derreta a manteiga, o chocolate amargo e o chocolate ao leite em uma panela grande em fogo baixo. Retire do fogo. Adicione o açúcar e junte os ovos, um por vez, batendo com o mixer. Coloque a baunilha e peneire a farinha e o fermento por cima, misturando bem até ficar macio e homogêneo.

2 Despeje a massa na assadeira e nivele a superfície. Asse por 30-35 minutos, ou até que a superfície fique quebradiça e um palito inserido no centro saia limpo. Não asse demais os brownies, pois poderão ressecar e não ficar com o centro macio e denso.

3 Para dar um acabamento decorado aos brownies, coloque 175 g de cobertura em banho-maria, tomando cuidado para não deixar a vasilha tocar na água. Aqueça até derreter, mexendo de vez em quando. Se preferir, coloque a cobertura no micro-ondas em potência média por 2 minutos, ou até derreter, mexendo a cada 30 segundos para ter certeza de que a cobertura não vai superaquecer. Ela deve ficar com uma consistência macia e líquida, parecida com a do creme de leite.

4 Corte a folha de transfer para chocolate no tamanho de 25 cm x 30 cm. Corte uma folha de papel-manteiga ou de papel-alumínio um pouco maior do que a do transfer. Coloque a folha de papel-manteiga sobre a superfície de trabalho e ponha sobre ela a do transfer com o lado decorado para cima. Espalhe a cobertura derretida por cima da folha de transfer. Use a espátula para deixar a camada mais fina e uniforme possível. Aguarde por 5 minutos, até que a superfície da cobertura comece a firmar e a perder o brilho.

5 Corte a cobertura e o transfer em 30 quadrados de 5 cm x 5 cm. Se sentir que a faca está "arrastando" a cobertura durante o corte, deixe-a firmar por mais um minuto e tente novamente. Coloque os quadrados de transfer e a cobertura na geladeira com cuidado e deixe por 20 minutos ou até que estejam bem firmes. Certifique-se de que fiquem nivelados.

6 Corte os brownies em 30 quadrados de 5 cm x 5 cm. Quando os quadrados de transfer estiverem firmes, use a faca para separar o acetato. Derreta o restante da cobertura conforme indicado no passo 3. Espalhe um pouco sobre a superfície dos brownies e fixe um transfer em cada um.

Bolo com leque de chocolate

RENDE 1 BOLO

açúcar de confeiteiro, para polvilhar
20 g de chocolate ao leite, para modelar
20 g de chocolate amargo, para modelar
½ receita de Glacê de manteiga com chocolate (p. 16)
2 receitas de Bolo delicioso de chocolate (pp. 56-7) redondo de 15 cm
½ receita de Ganache de chocolate (p. 16)

VOCÊ VAI PRECISAR DE

rolo de macarrão pequeno
régua
faca afiada
assadeira forrada com papel-manteiga
base redonda rígida de 15 cm de diâmetro

DICA

Se usar a espátula de confeiteiro para cobrir o bolo com a ganache, você vai obter um belo acabamento.

1 Polvilhe um pouco de açúcar de confeiteiro na superfície de trabalho. Amasse o chocolate ao leite até ficar macio e maleável. Use o rolo para abrir o chocolate em uma camada bem fina e corte 3 retângulos de 5 cm x 9 cm **(a)**. Se preciso, amasse e abra o chocolate outra vez para fazer o terceiro retângulo.

2 Delicadamente, faça um sanfonado em cada retângulo e fixe as pregas na base para formar um leque **(b)**. Corte o excesso de chocolate na base dos leques para fazer o acabamento **(c)**. Repita os passos 1 e 2 com o chocolate amargo para fazer 6 leques. Coloque-os descobertos sobre a assadeira e deixe-os firmar por algumas horas, ou de um dia para o outro, em um local fresco e seco.

3 Quando os leques estiverem secos, siga as instruções da p. 150, arrumando os bolos em camadas sobre a base e recheando com o glacê de manteiga com chocolate para ficar um bolo alto. Cubra o bolo com a ganache (p. 152). Leve à geladeira e deixe por 2 horas.

4 Quando a ganache estiver firme, arrume os leques de chocolate sobre o bolo, pressionando-os delicadamente para ficarem firmes.

(a)

(b)

(c)

Tortinhas de frutas vermelhas

RENDE 12 TORTINHAS

60 g/½ xícara (chá) de açúcar de confeiteiro peneirado e mais um pouco para polvilhar
40 g de Pasta americana na cor caramelo (pp. 160-1)
30 g/⅓ de xícara (chá) de farinha de amêndoas
100 g de manteiga com sal gelada cortada em cubinhos e mais um pouco para untar
190 g/1½ xícara (chá) de farinha de trigo (pressione para medir)
5 gemas grandes
60 g/¼ de xícara (chá) de açúcar (pressione para medir)
¼ de colher (chá) de extrato de baunilha
265 ml/1 xícara (chá) de leite integral
corante alimentício dourado em pó
200 g de frutas vermelhas frescas, como framboesas, mirtilos e amoras

VOCÊ VAI PRECISAR DE

rolo de macarrão
cortador/marcador de folhas de 2,5 cm
almofada de espuma com relevo ou papel-alumínio amassado
papel-manteiga
espaçador de marzipã de 5 mm (opcional)
cortador de massa canelado ou liso de 8,5 cm
fôrmas para 12 muffins
pesos de cerâmica (ou feijão cru) para assar
pincel pequeno
saco de confeitar

DICA

Prepare as folhas douradas de pasta americana pelo menos um dia antes de usá-las.

1 Polvilhe um pouco de açúcar de confeiteiro na superfície de trabalho. Amasse a pasta americana até ficar maleável e macia. Abra a pasta em uma camada fina com o rolo e corte uma folha. Enquanto ela ainda está macia, faça uma pequena curvatura na folha. Repita a operação até ficar com 12 folhas, cortando e moldando uma de cada vez. Arrume as folhas sobre a almofada de espuma com relevo. Isso vai ajudar a manter o formato curvo enquanto elas secam. Deixe-as secar descobertas, de um dia para o outro, em um local fresco e seco.

2 No dia seguinte, coloque o açúcar de confeiteiro, a farinha de amêndoas, a manteiga e 170 g/1⅓ xícara (chá) de farinha no processador e bata até que a mistura fique com a aparência de uma farofa grossa. Adicione 1 gema e bata até formar a massa. Se ficar muito seca, junte 1-2 colheres (sopa) de água fria, uma por vez. Faça uma bola manuseando o menos possível a mistura. Embrulhe em filme de PVC, leve à geladeira e deixe por pelo menos 30 minutos.

3 Preaqueça o forno a 180°C e unte as forminhas de muffin com manteiga. Desembrulhe a massa e coloque-a sobre uma folha de papel-manteiga polvilhada com açúcar de confeiteiro. Ponha outra folha de papel-manteiga por cima e abra a massa entre as duas folhas até ela ficar com 5 mm de espessura. Se quiser, use o espaçador de marzipã. Corte 12 círculos de massa de 8,5 cm e coloque-os nas forminhas de muffin.

4 Corte 12 quadrados de papel-manteiga suficientemente grandes para cobrir uma massa de tortinha. Espete a massa das tortinhas algumas vezes com um garfo, forre com os quadrados de papel e cubra com os pesos de cerâmica. Asse-as por 15 minutos ou até ficarem douradas. Retire do forno e deixe esfriar um pouco na fôrma. Desenforme e coloque-as sobre uma grade de metal para esfriarem completamente.

5 Para preparar o creme de confeiteiro, bata as gemas que restaram, 30 g de açúcar e a baunilha até a mistura ficar clara. Peneire o restante da farinha por cima e bata até ficar homogêneo. Coloque o leite e o restante do açúcar em uma panela, leve ao fogo médio-baixo e deixe ferver. Retire do fogo e deixe esfriar por 1 minuto. Despeje o leite aos poucos sobre a mistura de ovos, batendo sem parar. Leve de volta ao fogo e deixe ferver novamente em fogo médio-baixo, mexendo por 5 minutos até engrossar e ficar com textura uniforme. Despeje em uma vasilha limpa e cubra com filme de PVC, assegurando-se de que o filme encoste na superfície do creme – isso evita a formação de uma película sobre a mistura. Deixe esfriar completamente. Enquanto isso, coloque um pouco do corante em pó em uma vasilha pequena. Adicione água, algumas gotas por vez, e misture até formar uma tinta espessa. Pinte as folhas e deixe secar completamente.

6 Quando as folhas estiverem secas e o creme de confeiteiro estiver frio, coloque o creme no saco de confeitar e corte a ponta, se necessário. Aplique uma camada do creme em cada tortinha, cubra com as frutas, decore com as folhas douradas e polvilhe um pouco de açúcar de confeiteiro.

Macarons de framboesa

RENDE 30 MACARONS
3 claras grandes
60 g/¼ de xícara (chá) de açúcar (pressione para medir)
corante alimentício rosa em pasta
150 g/1¼ xícara (chá) de açúcar de confeiteiro
100 g/1 xícara (chá) de farinha de amêndoas
20 g de corante alimentício rosa em pó
150 g/½ xícara (chá) de geleia de framboesa

VOCÊ VAI PRECISAR DE
batedeira
palitos
4 guias de confeitaria (p. 170)
2 assadeiras
papel-manteiga
saco de confeitar com bico perlê de 10 mm
espátula de confeiteiro pequena

1 Bata as claras em neve por 2 minutos na batedeira – se as claras estiverem muito frescas, poderá ser necessário bater um pouco mais. Com a batedeira ligada, adicione o açúcar aos poucos e continue batendo até a mistura ficar espessa e uniforme, mas não muito dura. Com a ponta de um palito, acrescente um pouco de corante em pasta e misture até ficar homogêneo. Repita a operação de modo a atingir a coloração desejada, tendo em mente que a cor obtida vai clarear um pouco após a massa ser assada.

2 Peneire o açúcar de confeiteiro e a farinha de amêndoas em outra vasilha. Adicione um terço do merengue rosa e incorpore-o cuidadosamente. Junte o restante do merengue à mistura.

3 Usando a espátula, pressione e empurre a mistura até as bordas da vasilha. Repita essa operação umas 10 vezes, deixando a massa cair de volta no recipiente até ficar com consistência macia e despencar lentamente – esse processo ajuda a dar brilho aos macarons depois de assados.

4 Arrume duas folhas de guias sobre as assadeiras e coloque por cima de cada uma delas uma folha de papel-manteiga. Coloque a massa no saco de confeitar. Use a guia como referência e faça 60 pontos grandes. Certifique-se de não aplicar fora dos círculos da guia, pois a massa vai se espalhar um pouco depois de aplicada. (Veja dicas de como confeitar nas pp. 157-9.) Retire cuidadosamente as guias das assadeiras, deixando o papel-manteiga no lugar.

5 Bata a assadeira sobre a superfície de trabalho algumas vezes para eliminar as bolhas de ar dos macarons. Isso também ajuda a alisar a massa e a criar uma base com relevo. Polvilhe corante em pó em 30 macarons. Deixe-os descobertos, em um local fresco e seco, até que se forme uma leve crosta e eles estejam secos – isso deve levar 15-45 minutos, dependendo da temperatura e da umidade. Preaqueça o forno a 140°C.

6 Asse os macarons por 13-15 minutos, ou até que possam ser levantados do papel-manteiga com a espátula. Retire as folhas de papel-manteiga com os macarons do forno e coloque-as sobre uma grade de metal até os macarons esfriarem por completo.

7 Quando estiverem frios, retire os macarons do papel-manteiga com a espátula. Coloque 1 colher (chá) de geleia de framboesa bem no centro dos macarons sem corante, para que o recheio não saia pelas laterais quando apertar com a outra metade. Junte cada metade sem corante com uma metade polvilhada com corante em pó para obter 30 macarons recheados.

Florentines com chocolate

RENDE 8 FLORENTINES
20 g de manteiga com sal
70 g de açúcar
3 colheres (sopa) de creme de leite
1 colher (sopa) cheia de farinha de trigo
60 g de lascas de amêndoas
1 colher (sopa) de gengibre fresco bem ralado
raspas de 1 laranja
150 g de chocolate amargo ou chocolate ao leite ou metade de cada um

VOCÊ VAI PRECISAR DE
fôrma de 20 cm x 20 cm forrada com papel-manteiga (veja dicas de como forrar fôrmas na p. 149)
faca afiada
assadeira forrada com papel-manteiga

1 Preaqueça o forno a 180ºC. Coloque a manteiga, o açúcar e o creme de leite em uma panela e leve ao fogo médio, mexendo sempre até que a manteiga derreta e o açúcar esteja dissolvido. Adicione a farinha. Junte as amêndoas, o gengibre e as raspas de laranja e cozinhe, mexendo sem parar, até a mistura ficar homogênea. Retire do fogo.

2 Coloque-a na fôrma e nivele. Asse por 13 minutos ou até dourar. Retire do forno e deixe esfriar na fôrma por 15 minutos. Sem retirar do papel-manteiga, coloque a florentine sobre uma superfície plana. Quando estiver morna, corte em 8 tiras. Transfira-as para uma grade de metal e deixe esfriar completamente.

3 Coloque o chocolate em banho-maria, assegurando-se de que o fundo da vasilha não toque a água. Aqueça, mexendo de vez em quando, até derreter. Se preferir, coloque o chocolate no micro-ondas, em uma vasilha destampada, em potência média por 2 minutos, ou até derreter, mexendo a cada 30 segundos para ter certeza de que o chocolate não queime.

4 Mergulhe a ponta de cada florentine no chocolate derretido e coloque-a na assadeira. Deixe as florentines descobertas em um local fresco e seco por pelo menos 10-15 minutos para o chocolate endurecer.

Minimerengues marmorizados

RENDE 30 MINIMERENGUES
2 claras grandes
115 g/½ xícara (chá) de açúcar
2 colheres (chá) de água de rosas
corante alimentício rosa em pasta

VOCÊ VAI PRECISAR DE
2 assadeiras
2 guias de confeitaria (p. 170)
papel-manteiga
fôrma
batedeira
saco de confeitar com bico perlê de 1 cm
espátula de confeiteiro pequena

1 Preaqueça o forno a 110°C. Arrume uma guia sobre cada assadeira e coloque o papel-manteiga por cima. Bata as claras em neve na batedeira. Adicione o açúcar aos poucos e continue batendo até que a mistura fique espessa e uniforme. Junte a água de rosas.

2 Ponha o merengue na fôrma e espalhe. Com um garfo, coloque alguns pontos de corante alimentício e movimente o garfo para criar uma textura marmorizada no merengue **(a)**. Lembre-se de que a cor obtida vai clarear um pouco depois de assada.

3 Coloque o merengue no saco de confeitar, cuidando para manter o efeito marmorizado **(b)** – isso vai ajudar a conservar a coloração na hora de confeitar. Baseando-se na guia, faça 30 merengues nas assadeiras, começando pelas bordas e dando uma volta até o centro **(c)**. (Veja dicas de confeitaria nas pp. 157-9.) Retire as guias com cuidado, deixando o papel-manteiga no lugar.

4 Asse por 45-60 minutos, ou até que os merengues soltem-se do papel-manteiga sem quebrar. Se estiverem grudando, asse por mais 10-15 minutos antes de tentar novamente. Quando os merengues estiverem prontos, apague o forno e abra a porta só um pouco. Deixe os merengues esfriando dentro do forno por 20 minutos. Retire-os do forno e solte-os do papel-manteiga para que esfriem por completo.

(a)

(b)

(c)

CAPÍTULO 2

Algumas ocasiões propiciam a desculpa perfeita para mimar as pessoas que amamos. Seja com um Cake pop coração coberto de chocolate, no Dia dos Namorados, para dizer "Eu te amo", seja com um punhado de Biscoito flor de casamento, para dizer "Obrigado por compartilhar esta data", seja ainda com um bolo coberto por trufas artesanais, para celebrar uma ocasião especial, você vai criar lembranças maravilhosas.

DECORAR POR AMOR

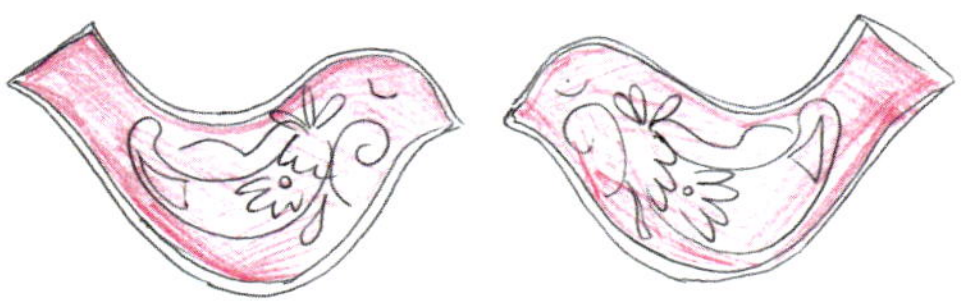

Passarinhos apaixonados

RENDE 30 BISCOITOS (15 PARES)
açúcar de confeiteiro, para polvilhar
200 g de Pasta americana tingida de rosa-claro (pp. 160-1)
150 g de Glacê real branco com picos firmes (p. 46)
30 biscoitos feitos com uma receita de massa de biscoito de sua preferência (pp. 26-7), cortados com cortador em forma de passarinho
cola comestível ou 35 g de geleia de damasco aquecida, peneirada e resfriada

VOCÊ VAI PRECISAR DE
rolo de macarrão pequeno
estêncil culinário pequeno
espátula de confeiteiro pequena
cortador de biscoito no formato de passarinho
pincel pequeno
saco de confeiteiro pequeno com bico perlê nº 2 (p. 146)

DICA
Para fazer dois passarinhos se beijando, corte metade deles virada para a direita e metade para a esquerda. Você obterá um desenho de estêncil espelhado para os passarinhos simplesmente virando-o antes de colocá-lo sobre a pasta americana.

1 Polvilhe um pouco de açúcar de confeiteiro na superfície de trabalho. Pegue cerca de 20 g de pasta americana e amasse-a até que fique maleável. Mantenha o restante em uma embalagem hermética pelo tempo que for necessário, para que não seque nem fique quebradiça. Abra a pasta com o rolo até obter uma camada bem fina.

2 Coloque o estêncil no meio da pasta americana e mantenha-o delicadamente no lugar com uma das mãos – se o estêncil for deslocado, o desenho poderá borrar. Espalhe um pouco de glacê real sobre o estêncil **(a)**. Retire o excesso de glacê com a espátula e remova cuidadosamente o estêncil.

3 Imediatamente, posicione o cortador de biscoito sobre o desenho feito com o estêncil **(b)**. Quando conseguir o efeito desejado, corte um passarinho de pasta americana. Faça uma bola com as aparas e junte-a ao restante da pasta. Pincele a superfície de um biscoito com cola comestível. Limpe a espátula, coloque a pasta americana cortada sobre o biscoito sem esticá-la. Decore um biscoito por vez e polvilhe açúcar de confeiteiro na superfície de trabalho conforme necessário. Repita com o restante da pasta americana, o glacê real, os biscoitos e a cola, de modo a fazer 30 biscoitos confeitados. Lembre-se de lavar e secar bem o estêncil antes de decorar cada biscoito.

4 Para finalizar, coloque o restante do glacê no saco de confeitar e aplique um olho fechado em cada passarinho (veja a foto). (Veja dicas de confeitaria nas pp. 157-9.) Deixe os biscoitos descobertos por pelo menos 1 hora em local fresco e seco, para o glacê firmar.

(a)

(b)

Biscoitos com filigranas e glitter

RENDE 12 BISCOITOS

12 biscoitos assados na hora, preparados com ½ receita da massa de biscoito de sua preferência (pp. 26-7), cortados com o molde de coração (p. 162) ou com um cortador no formato de coração
70 g de Glacê real com picos suaves tingido de roxo (p. 46)
70 g de Glacê real branco com picos suaves (p. 46)
70 g de Glacê real com picos suaves tingido de caramelo (p. 46)
glitter comestível roxo, branco e dourado

VOCÊ VAI PRECISAR DE

cortador circular de 5 mm (opcional)
papel-manteiga
3 sacos de confeitar, cada um com um bico perlê nº 2
pincel pequeno
3 fitas de 1 m por 0,5 cm cada, roxa, marfim e dourada, cortadas em 4 pedaços iguais (opcional)
palito, se necessário

DICA

Use cores diferentes de corante alimentício, glitter e laços para criar seu próprio esquema de cores.

1 Assim que os biscoitos saírem do forno, faça um pequeno furo na parte de cima de cada um com um cortador circular de 5 mm ou com a ponta de um canudinho, enquanto ainda estiverem quentes. Coloque-os sobre uma grade de metal para esfriarem completamente.

2 Quando os biscoitos estiverem frios, coloque 3 folhas de papel-manteiga sobre a superfície de trabalho e arrume 4 biscoitos sobre cada uma. Coloque o glacê real roxo em um saco de confeitar. Decore um biscoito por vez e use a foto como referência para aplicar o contorno do coração e, em seguida, o desenho de filigranas, fazendo curvas e pontos **(a)**. Mergulhe a ponta de uma colher de chá no glitter roxo. Segure a colher com uma mão e, com a outra, dê pequenas batidinhas para polvilhar glitter levemente na cobertura **(b)**. Trabalhe cada lote de biscoitos, um por vez, até ter os 12 biscoitos decorados. Deixe-os descobertos por pelo menos 1 hora em local fresco e seco, para a cobertura firmar.

3 Quando a cobertura endurecer, remova delicadamente qualquer excesso de glitter com o pincel e devolva as sobras recolhidas em cada papel-manteiga aos potes. Pegue um pedaço de fita roxa e passe com cuidado pelo furo de um biscoito com cobertura roxa. Use o palito para ajudar a passar a fita pelo furo. Se quiser, finalize com um laço. Repita com o restante dos biscoitos e fitas.

(a)

(b)

Glacê real

RENDE CERCA DE 600 G

2 colheres (sopa) de clara em pó pasteurizada ou 2 claras grandes
500 g/4 xícaras (chá) de açúcar de confeiteiro
suco de limão

VOCÊ VAI PRECISAR DE

batedeira

DICA

O glacê real pode ser guardado na geladeira por 7 dias em embalagem hermética. A cobertura pode se separar durante esse período, portanto, certifique-se de bater bem antes de usá-la.

Dependendo do uso, o glacê real é preparado em uma destas três consistências: picos firmes, picos suaves ou consistência líquida. Pode ser tingido em qualquer tonalidade desejada. Adicione uma pequena quantidade de corante alimentício em pasta usando a ponta de um palito e misture até ficar homogêneo. Repita a operação até atingir o tom que deseja. (Veja dicas adicionais sobre consistência e sobre detalhes mais complexos de confeitaria na p. 159.)

Glacê real com picos firmes

O glacê real com picos firmes é usado tradicionalmente em bolos comemorativos e de Natal. Frequentemente, é empregado para fixar enfeites grandes e pesados aos bolos ou para prender os que precisam ser mantidos em posição vertical. Também serve para fixar o bolo à base rígida e para firmar várias camadas dele durante a montagem. Para preparar o glacê real com picos firmes, coloque 90 ml/⅓ de xícara (chá) de água fervente em uma vasilha pequena e deixe esfriar por completo. Quando a água estiver fria, adicione a clara em pó e misture bem. Cubra com filme de PVC, leve à geladeira e deixe por algumas horas ou de um dia para o outro. Peneire o açúcar de confeiteiro em uma vasilha, adicione a clara reconstituída (ou a clara fresca, se preferir) e o suco de limão e bata na batedeira. Aumente a velocidade e bata por mais 5 minutos até que a mistura fique com picos firmes. Transfira-a imediatamente para um recipiente hermético.

Glacê real com picos suaves

O glacê real com picos suaves é usado para aplicar contornos em biscoitos antes que sejam preenchidos. Pode ser utilizado para fazer linhas decorativas e pontos sobre bolos e biscoitos ou fixar enfeites pequenos e leves nos bolos. Para fazer o glacê real com picos suaves, prepare uma receita de glacê real com picos firmes como descrito acima e, em seguida, misture água fria, colocando algumas gotas de cada vez, até que o glacê amoleça um pouco e forme picos suaves. Transfira-o imediatamente para um recipiente hermético.

Glacê real com consistência líquida

O glacê real com consistência líquida é usado para preencher o centro de desenhos contornados com glacê real com picos suaves. Para fazer o glacê real com consistência líquida, prepare uma receita de glacê real com picos firmes como descrito acima e, em seguida, misture água fria, colocando algumas gotas de cada vez, até que o glacê amoleça e adquira uma consistência uniforme e líquida como a do creme de leite. Transfira-o imediatamente para um recipiente hermético.

Use glacê real nas seguintes receitas do livro:

Família biscoito de gengibre
pp. 24-5

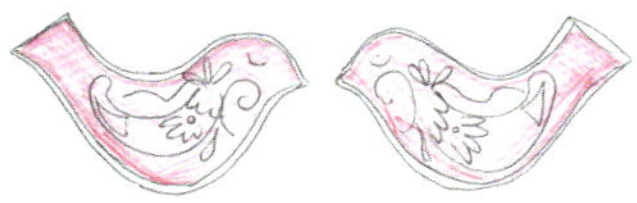

Passarinhos apaixonados
pp. 42-3

Biscoitos com filigranas e glitter
pp. 44-5

Biscoito espartilho
pp. 50-1

Bolo caixa de chocolate com trufas
pp. 52-5

Biscoito flor de casamento
pp. 58-9

Biscoito guirlanda natalina
pp. 72-3

Casa de biscoito de gengibre
pp. 78-81

Biscoito de Ação de Graças
pp. 82-3

Bolo de batizado com flores brancas
pp. 84-5

Bolas festivas decoradas
pp. 92-5

Biscoito galinha da Páscoa
pp. 98-9

Minicúpulas de aniversário com borboletas
pp. 104-5

Bolo trenó do Papai Noel
pp. 106-7

Bolo de casamento marfim com flores
pp. 114-5

Docinhos com borboletas
pp. 116-7

Minibolo magnífico
pp. 120-1

Bolo bule de chá
pp. 122-5

Bolo hortênsia
pp. 130-1

Cake pop florido
pp. 132-3

Bolo caixa de presente
pp. 134-5

Bolo dos namorados com tubinhos de chocolate

RENDE 1 BOLO
2 Bolos mármore (pp. 76-7) de 15 cm de diâmetro
1 receita de Glacê de manteiga com baunilha (p. 16)
70 tubinhos de chocolate branco de 10 cm de comprimento
200 g de gotas de chocolate branco
400 g de morangos em temperatura ambiente

VOCÊ VAI PRECISAR DE
base rígida de 15 cm de diâmetro
1 m de fita de chiffon rosa-clara com 4 cm de largura (opcional)
bandeja forrada com papel-manteiga

DICA
Os tubinhos de chocolate podem ser facilmente encontrados. Para bolos redondos maiores, você vai precisar:
80 tubinhos para 18 cm
90 tubinhos para 20 cm
100 tubinhos para 23 cm
110 tubinhos para 25 cm

Aquecer e resfriar o chocolate sem temperagem (controle da temperatura) provoca manchas em sua superfície. O chocolate também esfarela em vez de quebrar. Adicionar chocolate sem derreter ao que já está derretido (passo 3) é uma maneira simples e fácil de "temperar" o chocolate.

1 Seguindo as instruções da p. 150, use a base rígida, coloque os bolos em camadas, recheie e cubra com o glacê de manteiga para fazer um bolo alto. Conforme as instruções da p. 152, cubra o bolo com o restante do glacê de manteiga. Ele não pode ficar com mais de 7,5 cm – se estiver muito alto, os tubinhos não ficarão maiores do que o bolo e os morangos mergulhados no chocolate vão cair. Leve o bolo à geladeira e deixe por 2 horas.

2 Quando o glacê de manteiga estiver firme, prenda com cuidado os tubinhos de chocolate verticalmente na lateral do bolo. Assegure-se de que fiquem juntos e bem alinhados na base **(a)**. O glacê de manteiga vai mantê-los no lugar. Segure os tubinhos o mais levemente possível, para evitar que derretam. Amarre a fita ao redor do bolo e, se quiser, finalize com um laço.

3 Leve metade das gotas de chocolate branco ao fogo baixo em banho-maria, sem deixar que a vasilha toque na água. Deixe aquecer, mexendo de vez em quando, até derreter. Se preferir, coloque as gotas de chocolate no micro-ondas, descobertas, em potência média por 2 minutos, ou até derreter, mexendo a cada 30 segundos para o chocolate não queimar. Retire do fogo ou do forno e adicione o restante das gotas de chocolate, mexendo até que elas derretam completamente e o chocolate engrosse um pouco.

4 Segure os morangos pelos cabinhos e mergulhe a ponta de cada um no chocolate derretido. Levante os morangos da cobertura, deixando que o excesso escorra de volta no recipiente. Coloque os morangos sobre a bandeja forrada. Deixe os morangos reservados por 10-15 minutos, descobertos e em temperatura ambiente, para o chocolate firmar. Não leve os morangos à geladeira.

5 Quando o chocolate estiver duro, empilhe os morangos por cima do bolo e sirva após 1 dia.

(a)

Biscoito espartilho

RENDE 12 BISCOITOS

240 g de Glacê real com picos suaves tingido de rosa-claro (p. 46)
12 biscoitos preparados com ½ receita da massa de biscoito de sua preferência (pp. 26-7), cortados com o molde de espartilho (p. 162)
60 g de Glacê real branco com picos suaves (p. 46)

VOCÊ VAI PRECISAR DE

saco de confeitar com bico perlê nº 2
bisnaga plástica (do tipo que se usa para ketchup)
saco de confeitar com bico perlê nº 1,5

DICA

Para criar um visual mais atrativo, faça o contorno e o preenchimento do biscoito com glacê vermelho e use glacê preto para os detalhes do espartilho.

1 Coloque o glacê real rosa-claro no saco de confeitar com o bico perlê nº 2. Aplique uma linha de contorno em cada biscoito **(a)**. Reserve-os descobertos, por 10-15 minutos, em local fresco e seco, para o glacê firmar.

2 Coloque o restante do glacê rosa-claro em um recipiente e adicione água suficiente para obter uma consistência líquida (p. 46). Coloque a mistura na bisnaga e preencha o centro de cada biscoito **(b)**. Deixe o glacê dos biscoitos secar por 1 hora, em local fresco e seco.

3 Quando o glacê endurecer por completo, coloque o glacê real branco no saco de confeitar com o bico perlê nº 1,5. Decore um biscoito por vez e, usando a foto como modelo, aplique os detalhes da renda sobre cada um **(c)**. Deixe os biscoitos secarem de um dia para o outro, descobertos, em local fresco e seco, para endurecer o glacê.

(a)

(b)

(c)

BOSTON
NOV 23

Bolo caixa de chocolate com trufas

TRUFAS

RENDE 25 TRUFAS

400 g de chocolate amargo com 70% de cacau quebrado em pedaços
200 ml/1 xícara (chá) quase cheia de creme de leite
50 g/quase ½ xícara (chá) de açúcar de confeiteiro
cacau em pó, para polvilhar

VOCÊ VAI PRECISAR DE

concha para sorvete com extrator de 3,5 cm (opcional)
bandeja forrada com papel--manteiga
garfo para banhar em chocolate (opcional)

DICA

Se a mistura se dividir, aqueça um pouco mais de creme de leite, adicione e mexa até ficar homogêneo.

1 Coloque 250 g de chocolate em uma vasilha. Aqueça o creme de leite até ferver em fogo médio--baixo. Despeje o creme de leite sobre o chocolate **(a)** e deixe descansar por 5 minutos até o chocolate derreter completamente **(b)**. Mexa algumas vezes, sem agitar demais para a mistura não se dividir. Adicione o açúcar de confeiteiro e misture até ficar homogêneo. Deixe esfriar completamente e, em seguida, leve à geladeira e deixe por 1-2 horas, até firmar.

2 Quando a mistura firmar, pegue uma porção do tamanho de uma noz com a concha de sorvete ou com uma colher de sopa **(c)** e faça uma bolinha. Coloque sobre a bandeja. Repita o processo até obter 25-30 trufas. Leve à geladeira e deixe até a hora de usar.

3 Leve ao fogo o restante do chocolate e derreta-o em banho-maria em fogo baixo. Certifique-se de que a tigela não toque na água. Aqueça, mexendo algumas vezes, até que o chocolate derreta. Se preferir, leve o chocolate ao micro-ondas, descoberto, por 2 minutos, em potência média, mexendo a cada 30 segundos para não queimar.

(a)

(b)

(c)

(d)

(e)

(f)

4 Passe uma trufa no chocolate derretido. Use o garfo de banhar ou um garfo de cozinha e gire a trufa no chocolate até que fique completamente coberta **(d)**. Retire a trufa da cobertura e deixe que o excesso de chocolate caia de volta na vasilha **(e)**. Coloque a trufa banhada outra vez na bandeja e repita a operação com as trufas que restaram, até que todas sejam banhadas. Leve a bandeja novamente à geladeira e deixe até a cobertura firmar. Depois, tire as trufas da geladeira e polvilhe cacau em pó nelas **(f)**. Coloque em um recipiente hermético e deixe na geladeira até a hora de usá-las.

RENDE 1 FLOR

- **açúcar de confeiteiro, para polvilhar**
- **40 g de Pasta americana tingida de amarelo-claro (pp. 160-1)**
- **40 g de Pasta americana branca (pp. 160-1)**
- **cola comestível ou água fervida fria**

VOCÊ VAI PRECISAR DE

- **rolo de macarrão pequeno**
- **faca afiada**
- **moldes de flores pequeno, médio e grande (p. 167) ou cortadores de flores de 3,5 cm, 4,5 cm e 6 cm**
- **almofada de espuma ou pano de prato limpo, seco e dobrado**
- **esteca**
- **almofada de espuma com relevo ou um pedaço de papel-alumínio amassado**
- **pincel pequeno**

CAIXA DE CHOCOLATE

Para a Flor

1 Polvilhe açúcar de confeiteiro na superfície de trabalho e amasse as pastas americanas até que fiquem maleáveis e macias. Abra a massa de cor amarelo-claro em uma camada bem fina e corte uma flor grande e outra pequena usando os moldes correspondentes. Abra metade da pasta branca em camada fina e corte uma flor média com o molde. Com um pedaço das sobras brancas, faça uma bolinha do tamanho de uma ervilha e deixe secando, para firmar um pouco.

2 Coloque as flores sobre a almofada de espuma e role a esteca sobre cada pétala para criar um efeito de texturização **(g)**. Coloque a flor maior sobre a almofada com relevo. Pincele um pouco de cola comestível no centro e posicione a flor média por cima. Repita usando um pouco mais de cola para fixar a flor menor no centro da de tamanho médio **(h)**. Cole a bolinha branca no centro da flor **(i)**. Deixe-a secar de um dia para o outro, descoberta, em local fresco e seco.

Para as Folhas, Etiqueta de presente e Caixa de chocolate

1 Polvilhe um pouco de açúcar de confeiteiro na superfície de trabalho e amasse a pasta americana verde e 50 g da pasta americana branca até que fiquem maleáveis e macias. Para fazer as folhas,

(g)

(h)

(i)

RENDE 2 FOLHAS, 1 ETIQUETA DE PRESENTE E A CAIXA DE CHOCOLATE

açúcar de confeiteiro, para polvilhar
30 g de Pasta americana tingida de verde (pp. 160-1)
425 g de Pasta americana branca (pp. 160-1)
Bolo delicioso de chocolate em forma de coração de 20 cm (pp. 56-7)
1 receita de Glacê de manteiga com baunilha (p. 16)
700 g de Pasta americana tingida de amarelo-claro (pp. 160-1)
50 g de Glacê real branco com picos suaves (p. 46)

VOCÊ VAI PRECISAR DE

molde de folha (p. 167)
almofada de espuma ou pano de prato limpo, seco e dobrado
esteca
régua
faca afiada
cortador circular de 5 mm ou canudinho
carretilha com rodinha picotada
base rígida para bolo no formato de coração com 20 cm
espaçador de marzipã de 5 mm (opcional)
alisador de bolo
20 cm de fita amarela com 10 mm de largura
saco de confeitar com bico perlê nº 2

abra a pasta verde em uma camada fina e corte 2 folhas usando o molde correspondente. Coloque as folhas sobre a almofada de espuma e role a esteca sobre elas para criar uma textura. Aperte a pasta na base das folhas para fazer uma curva para dentro **(j)**.

2 Para fazer a etiqueta de presente, abra 50 g da pasta branca em uma camada fina e corte um retângulo de 8 cm x 5 cm. Corte um lado para criar uma ponta e faça um furo pequeno com o cortador de 5 mm. Use a carretilha para marcar as bordas da etiqueta **(k)**. Deixe as folhas e a etiqueta secando de um dia para o outro, descobertas, em local fresco e seco.

3 Quando os enfeites estiverem secos, siga as instruções da p. 150 para cortar o bolo em camadas e rechear com o glacê de manteiga. Seguindo as instruções da p. 152, use a base rígida para apoiar o bolo e cubra com o restante do glacê. Leve à geladeira e deixe por 2 horas, para firmar. Quando o glacê estiver firme, polvilhe um pouco de açúcar de confeiteiro na superfície de trabalho e amasse a pasta americana branca e a amarelo-clara, até que fiquem maleáveis e macias. Abra a pasta branca até que fique com 5 mm de espessura. Se preferir, use o espaçador. Usando a fôrma de bolo como molde, corte um coração na pasta americana. Ajeite o coração em cima do bolo, alisando com as mãos e depois utilize o alisador.

4 Para fazer as laterais da caixa, abra a pasta amarelo-clara até que fique com 5 mm de espessura, usando o espaçador, se preferir. Corte um retângulo de 70 cm x 7 cm. Fixe na lateral do bolo **(l)**, alisando com as mãos e depois com o alisador. Apare, se necessário. O retângulo deve cobrir as laterais e ficar um pouco maior, para criar uma caixa rasa na parte de cima do bolo. Prenda a fita na etiqueta de presente. Coloque o glacê real no saco de confeitar e aplique uma mensagem sobre a etiqueta como, por exemplo, "Com amor". Aplique pontos nas laterais do bolo. (Veja dicas de confeitaria nas pp. 157-9.) Arrume as trufas na "caixa" e fixe os enfeites por cima, usando o restante do glacê real. Deixe ficar firme antes de servir.

(j)

(k)

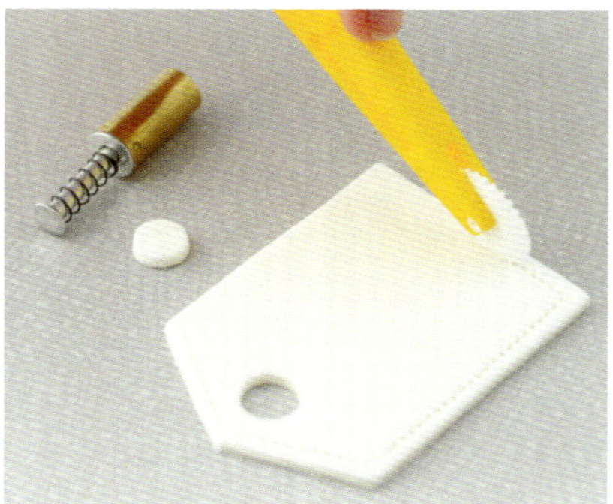

(l)

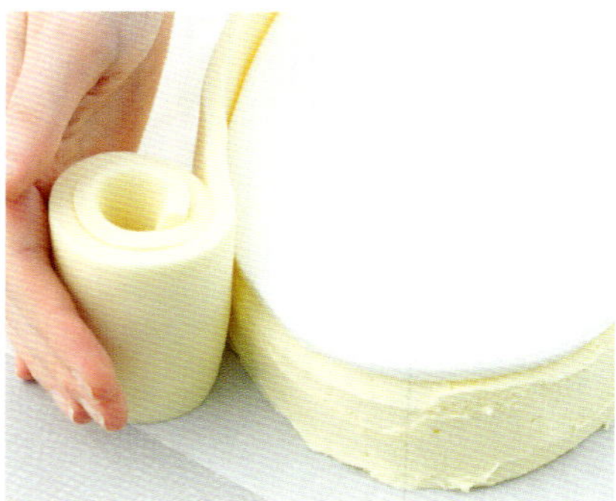

Bolo delicioso de chocolate

O quadro ao lado apresenta a quantidade dos ingredientes e o tempo de forno necessários para diferentes tamanhos e estilos de bolo. Também oferece sugestões sobre o número de porções. Localize o tamanho e o estilo desejados e siga as orientações abaixo.

INGREDIENTES

manteiga com sal
chocolate amargo com 70% de cacau
essência de café
ovos
leite
farinha de trigo com fermento
farinha de trigo
bicarbonato de sódio
cacau em pó
açúcar

VOCÊ VAI PRECISAR DE

fôrma de bolo forrada com papel-manteiga (veja dicas de como forrar fôrmas na p. 149)

DICA

Se você dividir o bolo em camadas, embrulhe-o em papel-manteiga e papel-alumínio e deixe reservado de um dia para o outro, para firmar um pouco. Isso fará com que ele fique mais fácil de cortar. (Veja dicas de como cortar em camadas, rechear e cobrir bolos na p. 150 e nas pp. 152-3.)

1 Preaqueça o forno a 160°C. Derreta a manteiga e o chocolate em fogo médio-baixo. Adicione a essência de café, mexa até ficar homogêneo e despeje a mistura em uma vasilha.

2 Em separado, bata levemente os ovos e o leite e adicione ao chocolate, misturando bem. Em outra vasilha, peneire as farinhas, o bicarbonato de sódio e o cacau em pó. Aos poucos, acrescente pequenas quantidades à mistura de chocolate, mexendo bem antes de adicionar mais. Junte o açúcar e mexa bem. Nessa altura, a massa deve estar razoavelmente líquida.

3 Coloque a massa na(s) fôrma(s) preparada(s) e nivele a superfície com as costas de uma colher. Asse pelo tempo recomendado ou até um palito inserido no centro sair limpo. Como a temperatura do forno pode variar, verifique se o bolo está pronto cerca de 5 minutos antes de se completar o tempo recomendado para assá-lo.

4 Retire o bolo do forno e deixe esfriar por 5 minutos. Transfira para uma grade de metal e espere que ele esfrie por completo.

Use o bolo delicioso de chocolate nas seguintes receitas do livro:

Bolo com leque de chocolate
pp. 30-1

Bolo caixa de chocolate com trufas
pp. 52-5

Bolas festivas decoradas
pp. 92-5

Bolo de Natal
pp. 96-7

Bolo de casamento marfim com flores
pp. 114-5

	Fôrma redonda ou quadrada de 10 cm/ 6 cupcakes	**Fôrma redonda ou quadrada de 13 cm**	**Fôrma redonda ou quadrada de 15 cm/4 metades de minifôrmas de bola de 8 cm/ 24 minicupcakes**	**Fôrma redonda ou quadrada de 18 cm**	**Fôrma redonda ou quadrada ou em formato de coração de 20 cm/12 cupcakes**	**Fôrma redonda ou quadrada de 23 cm/2 metades de fôrma de bola de 15 cm**
Manteiga com sal	50 g	70 g	100 g	150 g	200 g	300 g
Chocolate amargo com 70% de cacau	25 g	35 g	50 g	75 g	100 g	150 g
Essência de café	1 colher (chá)	1 colher (chá)	2 colheres (chá)	1 colher (sopa)	1 colher (sopa) mais 1 colher (chá)	2 colheres (sopa)
Ovos	1 médio	1 grande	2 médios	2 grandes	3 grandes	5 médios
Leite	25 ml	35 ml	50 ml	75 ml/⅓ de xícara (chá)	100 ml/quase ½ xícara (chá)	150 ml/quase ⅔ de xícara (chá)
Farinha de trigo com fermento	25 g/quase ¼ de xícara (chá)	35 g/¼ de xícara (chá)	50 g/quase ½ xícara (chá)	75 g/quase ⅔ de xícara (chá)	100 g/¾ de xícara (chá)	150 g/quase 1¼ xícara (chá)
Farinha de trigo	25 g/quase ¼ de xícara (chá)	35 g/¼ de xícara (chá)	50 g/quase ½ xícara (chá)	75 g/quase ⅔ de xícara (chá)	100 g/¾ de xícara (chá)	150 g/quase 1¼ xícara (chá)
Bicarbonato de sódio	¼ de colher (chá)	¼ de colher (chá)	¼ de colher (chá)	½ colher (chá)	½ colher (chá)	¾ de colher (chá)
Cacau em pó	2 colheres (chá)	1 colher (sopa)	20 g/quase ¼ de xícara (chá)	30 g/¼ de xícara (chá)	40 g/⅓ de xícara (chá)	60 g/½ xícara (chá)
Açúcar	75 g/quase ⅓ de xícara (chá)	100 g/quase ½ xícara (chá)	150 g/⅔ de xícara (chá)	225 g/quase 1 xícara (chá)	300 g/quase 1⅓ xícara (chá)	450 g/quase 2 xícaras (chá)
Tempo de forno	20 minutos	25 minutos	30 minutos	40 minutos	50 minutos	1h10
	15 minutos para cupcakes	—	15 minutos para minimetades de bolas	—	15 minutos para cupcakes	45 minutos para metades de bolas
	—	—	8 minutos para minicupcakes	—	—	—
Rende	bolos: 10 fatias	12	bolos: 15-20 fatias	20-30 fatias	bolos: 30-40 fatias	bolos: 40-50 fatias
	cupcakes: 6	—	metades de minibolas de bolo: 4	—	cupcakes: 12	metades de bolas: 12-16
	—	—	minicupcakes: 24	—	—	—

Biscoito flor de casamento

RENDE 30 BISCOITOS

150 g de Glacê real com picos suaves tingido de azul-claro (p. 46)
30 biscoitos preparados com a receita de massa para biscoitos de sua preferência (pp. 26-7) cortados com moldes de flores pequenas, médias e grandes (p. 165) para fazer 10 biscoitos de cada tamanho
40 g de confeitos perolados brancos
150 g de Glacê real com picos suaves tingido de marfim (p. 46)

VOCÊ VAI PRECISAR DE

2 sacos de confeitar com bico perlê nº 2
2 bisnagas plásticas

DICA

Para uma apresentação perfeita, coloque os biscoitos em uma embalagem de presente de celofane e amarre com um laço de fita.

1 Coloque cerca de 60 g do glacê azul-claro em um saco de confeitar. Aplique uma linha de contorno em metade dos biscoitos e deixe-os secar descobertos, por 10-15 minutos, em local fresco e seco. Enrole os sacos de confeitar e guarde-os em recipiente hermético até a hora de usá-los.

2 Coloque o restante do glacê azul-claro em uma vasilha e adicione água suficiente para que amoleça e atinja a consistência líquida (p. 46). Despeje o glacê líquido em uma bisnaga e preencha o centro de um biscoito. Antes que o glacê endureça, coloque 1 confeito perolado no centro da flor e outros 6 em volta. Repita a operação e preencha um biscoito por vez com o glacê líquido, arrumando em seguida os confeitos perolados até obter 15 biscoitos. Deixe-os descobertos por pelo menos 1 hora, em local fresco e seco, para o glacê firmar. Enquanto isso, repita os passos 1 e 2 com o glacê marfim e os biscoitos e confeitos restantes para finalizar com 30 unidades no total.

3 Quando o glacê estiver firme, use o restante dos dois glacês e aplique outra linha de contorno nas bordas de cada biscoito. Deixe-os secar de um dia para o outro, descobertos, em local fresco e seco, para o glacê endurecer completamente.

Bolo de casamento com pompom

RENDE 1 BOLO

- **2 Bolos básicos de baunilha redondos de 23 cm de diâmetro (pp. 62-3)**
- **2 Bolos básicos redondos de 15 cm de diâmetro (pp. 62-3)**
- **2 receitas de Glacê de manteiga com baunilha (p. 16)**
- **açúcar de confeiteiro, para polvilhar**
- **1,6 kg de Pasta americana tingida de marfim (pp. 160-1)**
- **200 g de Pasta americana tingida de rosa-claro (pp. 160-1)**
- **cola comestível ou água fervida fria**

VOCÊ VAI PRECISAR DE

- **base rígida para bolo redondo de 23 cm**
- **base rígida para bolo redondo de 15 cm**
- **rolo de macarrão**
- **varetas de plástico**
- **25 cm de fita de cetim marfim com 25 mm de largura**
- **17 cm de fita de cetim marfim com 25 mm de largura**
- **pincel pequeno**
- **cortador circular de 1,5 cm**
- **4 folhas de lenço de papel marfim**
- **régua**
- **tesoura**
- **pedaço pequeno de arame para artesanato**

1 Seguindo as instruções da p. 150, use as duas bases rígidas de bolo, corte os bolos em camadas e recheie-os com o glacê de manteiga. Cubra-os com o restante do glacê de manteiga. Leve-os à geladeira e deixe por pelo menos 2 horas. Quando o glacê de manteiga estiver firme, polvilhe um pouco de açúcar de confeiteiro na superfície de trabalho e amasse 1 kg de pasta americana marfim até que fique maleável. Seguindo as instruções da p. 153, abra a pasta americana e cubra o bolo maior e a base rígida. Repita a operação com o restante da pasta americana para cobrir o bolo menor e a sua base. Deixe os bolos secando de um dia para o outro, descobertos, em local fresco e seco. Quando a pasta americana estiver seca, siga as instruções da p. 156 e coloque o bolo de 15 cm sobre o de 23 cm prendendo com as varetas. Passe a fita de 25 cm ao redor do bolo da base, fixando a ponta na parte de trás com um pouco de cola comestível e cortando, se necessário. Em seguida, prenda a fita de 17 cm ao redor do bolo de cima.

2 Polvilhe açúcar de confeiteiro na superfície de trabalho, amasse metade da pasta americana rosa e abra-a em uma camada fina. Corte 12 tiras de 10 cm x 1,5 cm cada. Coloque-as sobre a parte de cima do bolo, certificando-se de que haja o mesmo espaço entre elas e de que estejam retas e alinhadas com a fita (veja a foto). Prenda-as com a cola comestível. Amasse o restante da pasta e abra uma camada fina. Corte 36 círculos. Pincele as costas de cada um com um pouco de cola e fixe-os na parte de baixo do bolo, distribuídos em três fileiras (veja a foto).

3 Para fazer o pompom, sobreponha as folhas de lenço de papel e corte um retângulo de cerca de 25 cm x 15 cm. Faça dobras de cerca de 3 cm cada ao longo do lado menor para obter um sanfonado. Dobre ao meio e prenda com o arame **(a)**, torcendo para segurar. Corte as pontas, se necessário. Talhe pontas arredondadas com a tesoura para dar acabamento às folhas **(b)**. Separe as camadas puxando delicadamente para cima e para os lados até formar o pompom **(c)** e prenda-o sobre o bolo.

(a)

(b)

(c)

Bolo básico

INGREDIENTES
manteiga com sal
açúcar
ovos
farinha de trigo com fermento
extrato de baunilha (opcional)
cacau em pó (opcional)
raspas de limão (opcional)
essência de café (opcional)

VOCÊ VAI PRECISAR DE
batedeira
fôrma de bolo forrada com papel-manteiga (veja dicas de como forrar fôrmas na p. 149)

DICA
Se você dividir o bolo em camadas, embrulhe-o em papel--manteiga e papel-alumínio e deixe reservado de um dia para o outro, para firmar um pouco. Isso vai tornar o corte mais fácil (veja dicas de como cortar em camadas, rechear e cobrir bolos nas pp. 150-3).

O quadro ao lado apresenta a quantidade de ingredientes e o tempo de forno necessários para diferentes tamanhos e estilos de bolo. Também oferece sugestões sobre o número de porções. Localize o tamanho e o estilo desejados e siga as orientações abaixo.

1 Preaqueça o forno a 180°C e deixe a manteiga amolecer um pouco. Bata o açúcar e a manteiga na batedeira por cerca de 3 minutos, ou até que a mistura fique clara e fofa. Bata levemente os ovos e adicione-os à mistura de manteiga. (Se a mistura começar a talhar, junte um pouco da farinha.) Peneire a farinha por cima e bata até ficar homogêneo.

2 Coloque a massa na fôrma preparada e nivele a superfície. Asse pelo tempo recomendado até que a superfície volte ao lugar após ser pressionada levemente ou até um palito inserido no centro sair limpo. Como a temperatura do forno pode variar, verifique se o bolo está pronto cerca de 5 minutos antes do tempo recomendado para assá-lo.

3 Retire o bolo do forno e deixe esfriar por 5 minutos, depois desenforme e transfira para uma grade de metal, para esfriar completamente.

Bolo básico com sabores
Cappuccino: adicione essência de café à massa depois de os ovos terem sido incorporados (antes de juntar a farinha).
Chocolate: use menos farinha e adicione cacau em pó a esta mistura.
Cítrico: misture raspas de limão ou de laranja com o açúcar e a manteiga.
Mocha: adicione essência de café à massa depois de incorporar os ovos. Use menos farinha e junte cacau em pó a esta mistura.
Baunilha: bata o extrato de baunilha com o açúcar e a manteiga.

Use o bolo básico nas seguintes receitas do livro:

Bolo com pétalas de rosa cristalizadas
pp. 12-3

Fondant fancies com flores frescas
pp. 18-9

Bolo de casamento com pompom
pp. 60-1

Cake pop coração coberto de chocolate
pp. 68-9

Bolo do dragão
pp. 74-5

Bolo de batizado com flores brancas
pp. 84-5

	Fôrma redonda ou quadrada de 10 cm/6 cupcakes	Fôrma redonda ou quadrada de 13 cm	Fôrma redonda ou quadrada de 15 cm/4 metades de minifôrmas de bola de 8 cm/24 minicupcakes	Fôrma redonda ou quadrada de 18 cm	Fôrma redonda ou quadrada ou em formato de coração de 20 cm/ 12 cupcakes	Fôrma redonda ou quadrada de 23 cm/ 2 metades de fôrma de bola de 15 cm
Manteiga com sal	50 g	70 g	100 g	150 g	200 g	300 g
Açúcar	50 g/quase ¼ de xícara (chá)	70 g/quase ⅓ de xícara (chá)	100 g/quase ½ xícara (chá)	150 g/quase ⅔ de xícara (chá)	200 g/1 xícara (chá)	300 g/quase 1⅓ xícara (chá)
Ovos	1 médio	1 grande	2 grandes	3 grandes	4 grandes	6 grandes
Farinha de trigo com fermento	50 g/quase ½ xícara (chá)	70 g/½ xícara (chá)	100 g/¾ de xícara (chá)	150 g/quase 1¼ xícara (chá)	200 g/quase 1⅔ xícara (chá)	300 g/quase 2½ xícaras (chá)
Para o sabor baunilha	¼ de colher (chá) de extrato de baunilha	½ colher (chá) de extrato de baunilha	½ colher (chá) de extrato de baunilha	1 colher (chá) de extrato de baunilha	1 colher (chá) de extrato de baunilha	1½ colher (chá) de extrato de baunilha
Para o sabor chocolate	1 colher (chá) de cacau em pó	2 colheres (chá) de cacau em pó	2 colheres (chá) de cacau em pó	1 colher (sopa) de cacau em pó	20 g/quase ¼ de xícara (chá) de cacau em pó	40 g/⅓ de xícara (chá) de cacau em pó
	45 g/⅓ de xícara (chá) de farinha de trigo com fermento	50 g/quase ½ xícara (chá) de farinha de trigo com fermento	90 g/¾ de xícara (chá) de farinha de trigo com fermento	135 g/1 xícara (chá) de farinha de trigo com fermento	180 g/quase 1½ xícara (chá) de farinha de trigo com fermento	260 g/quase 2¼ xícaras (chá) de farinha de trigo com fermento
Para o sabor cítrico	raspas de ½ limão ou de ¼ de laranja	raspas de ½ limão ou de ¼ de laranja	raspas de 1 limão ou de ½ laranja	raspas de 2 limões ou de 1 laranja	raspas de 2 limões ou de 1 laranja	raspas de 3 limões ou de 1½ laranja
Para o sabor cappuccino	3 colheres (chá) de essência de café	1 colher (sopa) de essência de café	1-2 colheres (sopa) de essência de café	2 colheres (sopa) de essência de café	3 colheres (sopa) de essência de café	5 colheres (sopa) de essência de café
Para o sabor mocha	1 colher (sopa) de essência de café	1 colher (sopa) de essência de café	2 colheres (sopa) de essência de café	3 colheres (sopa) de essência de café	4 colheres (sopa) de essência de café	6 colheres (sopa) de essência de café
	1 colher (chá) de cacau em pó	1 colher (chá) de cacau em pó	2 colheres (chá) de cacau em pó	1 colher (sopa) de cacau em pó	20 g/quase ¼ de xícara (chá) de cacau em pó	30 g/¼ de xícara (chá) de cacau em pó
Tempo de forno	20 minutos para bolos	25 minutos	30 minutos para bolos	35 minutos	40 minutos para bolos	50 minutos para bolos
	15 minutos para cupcakes	—	15 minutos para metades de minibolas	—	12-15 minutos para cupcakes	40 minutos para metades de bolas
	—	—	8 minutos para minicupcakes	—	—	—
Rende	bolos: 10 fatias	12 fatias	bolos: 15-20 fatias	20-30 fatias	bolos: 30-40 fatias	bolos: 50-75 fatias
	cupcakes: 6	—	metades de minibolas: 4	—	cupcakes: 12	metades de bolas: 12-16
	—	—	minicupcakes: 24	—	—	—

Use este bolo básico nas seguintes receitas:

Bolas festivas decoradas
pp. 92-5

Bolo de Natal
pp. 96-7

Bolo de casamento marfim com flores
pp. 114-5

Docinhos com borboletas
pp. 116-7

Bolo bule de chá
pp. 122-5

Cake pop florido
pp. 132-3

Biscoito coração com rosa

RENDE 30 BISCOITOS
açúcar de confeiteiro, para polvilhar
80 g de Pasta americana tingida de verde-claro (pp. 160-1)
80 g de Pasta americana tingida de vermelho (pp. 160-1)
30 biscoitos preparados com a massa de sua preferência (pp. 26-7) cortados com o molde de coração (p. 162) ou com um cortador no formato de coração
cola comestível ou 30 g de Glacê real (p. 46)

VOCÊ VAI PRECISAR DE
rolo de macarrão pequeno
um cortador/marcador de folhas de 2,5 cm e outro de 3 cm
almofada de espuma com relevo ou um pedaço de papel-alumínio amassado
molde de rosa individual pequeno
pincéis pequenos
assadeira forrada com papel-manteiga
espátula de confeiteiro pequena

DICAS
Trabalhar em lotes ajuda a manter o tamanho das rosas uniforme.

Você precisa fazer as rosas e as folhas um dia antes de usá-las.

1 Para fazer as folhas, polvilhe açúcar de confeiteiro na superfície de trabalho. Amasse a pasta americana verde-clara até ficar maleável. Abra-a em uma camada bem fina e estampe e molde uma folha por vez **(a)**. Repita a operação e faça 30 folhas usando os dois cortadores/marcadores de folha, para criar uma variedade de tamanhos. Coloque as folhas sobre a almofada com relevo – isso vai ajudar a manter a curvatura das folhas enquanto secam. Deixe secando de um dia para o outro, descobertas, em local fresco e seco.

2 Para fazer as rosas, polvilhe açúcar na superfície de trabalho e amasse a pasta americana vermelha até que fique maleável. Enrole um pouco da pasta e faça 6 bolinhas do tamanho de ervilhas. Mantenha o restante da pasta em um recipiente hermético pelo tempo que for necessário para evitar que ela resseque ou quebre. Polvilhe açúcar de confeiteiro no molde para evitar que a pasta americana grude. Pressione uma das bolinhas no molde, apertando com o polegar por igual, a fim de garantir que a pasta receba todos os detalhes **(b)**. Tire a rosa do molde cuidadosamente. Retire qualquer excesso de açúcar de confeiteiro das rosas com o pincel. Coloque as rosas sobre a assadeira com o auxílio da espátula. Deixe secar de um dia para o outro, descobertas, em local fresco e seco. Repita a operação com o restante da pasta americana para fazer 30 rosas no total.

3 Quando os enfeites de pasta americana estiverem secos, pincele as costas das rosas e das folhas com um pouco de cola comestível e fixe-as na parte de cima dos biscoitos (veja a foto), para obter 30 biscoitos decorados. Deixe a cola secar por 10-15 minutos em local fresco e seco.

(a)

(b)

Cupcake buquê de rosas

RENDE 6 CUPCAKES
açúcar de confeiteiro, para polvilhar
360 g de Pasta americana tingida de vermelho (pp. 160-1)
cola comestível
glitter comestível vermelho
½ receita de Cobertura básica de chocolate (p. 118)
6 cupcakes feitos com massa do Bolo delicioso de chocolate (p. 56-7) assados em forminhas de papel marrom

VOCÊ VAI PRECISAR DE
rolo de macarrão pequeno
faca afiada
régua
pincel pequeno
bandeja forrada com papel--manteiga
saco de confeitar com bico pitanga fechada de 20 mm
6 pedaços de fita vermelha (opcional)

DICAS
Você vai precisar fazer as rosas um dia antes de usá-las.
Para um visual mais suave, pegue 6 cupcakes de baunilha assados em forminhas brancas, cubra com uma camada grossa de Cobertura básica com baunilha e decore com rosas na cor rosa-claro. Ou opte por rosas com glitter laranja, rosa, azul ou verde-limão.

1 Esta receita é para fazer 6 cupcakes, mas, se quiser fazer apenas um, basta usar um sexto de cada ingrediente da lista. Polvilhe açúcar de confeiteiro na superfície de trabalho e amasse 120 g de pasta americana vermelha até que fique maleável. Abra a pasta em uma camada fina e corte tiras de cerca de 6 cm x 1,5 cm. Enrole as sobras em uma bola, abra novamente em uma camada fina e continue a cortar em tiras. Repita o processo até usar toda a pasta.

2 Para fazer a rosa, pegue uma tira de pasta e role a ponta do cabo do pincel sobre um dos lados, pressionando com cuidado para não rasgar e para criar um babado na parte de cima das pétalas **(a)**. Enrole a tira para formar a rosa, deixando o babado virado para dentro **(b)**. Aperte a pasta na parte de baixo da rosa, corte o excesso para deixar a base plana e coloque-a sobre a bandeja. Repita a operação com as outras tiras para fazer cerca de 35 rosas. Trabalhe por lotes e repita tudo com a pasta americana restante, para obter cerca de 100 rosas no total. Sempre que necessário, polvilhe açúcar de confeiteiro na superfície de trabalho. Deixe as rosas secarem, descobertas, de um dia para o outro, em local fresco e seco.

3 Quando estiverem secas, pincele 5-10 rosas com a cola comestível. Mergulhe a ponta de uma colher de chá no glitter comestível e dê pequenos toques na colher para polvilhar glitter nas rosas **(c)**. Repita até que todas as rosas tenham glitter. Recolha o excesso de glitter do papel-manteiga e coloque de volta no pote.

4 Coloque a cobertura básica de chocolate no saco de confeitar e aplique uma camada grossa sobre um cupcake (p. 157). Arrume 15-16 rosas sobre o cupcake em uma única camada que cubra o glacê. Passe um pedaço de fita ao redor da base do cupcake e, se quiser, finalize com um laço. Repita o processo com o restante da cobertura, dos cupcakes, das rosas e das fitas.

(a)

(b)

(c)

Cake pop coração coberto de chocolate

RENDE 30 CAKE POPS
Bolo básico de 20 cm (pp. 62-3)
¾ de receita de Cobertura básica de baunilha (p. 118)
600 g de cobertura de chocolate

VOCÊ VAI PRECISAR DE
papel-manteiga
cortador de biscoitos em formato de coração com 5 cm
30 palitos de papel para pirulitos
6 fitas estampadas de 50 cm x 1 cm cortadas em 5 partes iguais (opcional)

DICAS
Se você fizer o bolo na véspera, a massa vai ficar mais fácil de esfarelar.

Você pode adquirir a cobertura de chocolate em várias cores e sabores, incluindo chocolate amargo, ao leite e branco. A cobertura de chocolate é fácil de usar porque, ao contrário do chocolate em barra, não necessita ser "temperada". Aquecer e resfriar o chocolate sem controlar a temperatura provoca o aparecimento de manchas em sua superfície. Além disso, o chocolate esfarela, em vez de quebrar.

1 Esfarele o bolo com as mãos até que fique parecendo uma farofa grossa. Certifique-se de não deixar passar nenhum pedaço grande porque isso vai fazer com que os cake pops fiquem encaroçados. Adicione a cobertura de baunilha para criar uma mistura úmida. Para testar a consistência, pegue uma pequena quantidade e aperte delicadamente tentando fazer uma bola **(a)** – se a massa mantiver o formato, está pronta para ser usada.

2 Ponha uma folha de papel-manteiga sobre a superfície de trabalho e, por cima, coloque o cortador de biscoito. Pegue cerca de 30 g da mistura de bolo e aperte dentro do cortador para fazer uma base macia, depois molde uma frente arredondada **(b)**. Remova cuidadosamente a massa moldada e repita a operação para fazer 30 cake pops em formato de coração. Ponha os cake pops na geladeira por cerca de 1 hora para que fiquem firmes. Se preferir, coloque-os no freezer por 15 minutos.

3 Derreta a cobertura de chocolate em banho-maria em fogo baixo. Certifique-se de que o fundo da vasilha não encoste na água. Aqueça-a, mexendo de vez em quando, até derreter. Se preferir, ponha a cobertura no micro-ondas, descoberta, em potência média, por 2 minutos, ou até derreter, mexendo a cada 30 segundos para ter certeza de que não queimará. A cobertura deve ficar com uma consistência líquida parecida com a do creme de leite.

4 Mergulhe cerca de 1 cm da ponta de um palito na cobertura e, delicadamente, espete na base de um bolo até que a cobertura da ponta desapareça dentro dele. Segure o palito e gire o bolo na cobertura **(c)** até que fique totalmente coberto. Se necessário, use uma colher de chá para auxiliar no processo. Retire o bolo da cobertura e deixe escorrer o excesso. Coloque o bolo coberto em um copo e deixe firmar por 10-15 minutos. Repita o processo com os palitos e os bolos que restaram, reaquecendo a cobertura, se necessário, até obter 30 cake pops. Quando a cobertura estiver completamente firme, amarre uma fita em cada palito e finalize com um laço.

(a)

(b)

(c)

CAPÍTULO 3

Aniversários e eventos sazonais oferecem várias oportunidades para a criatividade. Minha época preferida do ano é, sem dúvida, o Natal, quando podemos ser ainda mais extravagantes ao decorar os alimentos. A Casa de biscoito de gengibre ou o Bolo de Natal podem ser arranjos de centro maravilhosos. Se você tem de planejar uma festa de aniversário infantil inesquecível, convide os Pinguins festeiros. Vamos festejar!

DECORAR
PARA
COMEMORAR

Biscoito guirlanda natalina

RENDE 12 BISCOITOS

- **120 g de Glacê real com picos firmes tingido de verde (p. 46)**
- **12 biscoitos preparados com ¾ da massa de biscoito da sua preferência (pp. 26-7) cortados com o molde de guirlanda (p. 165)**
- **25 g de Glacê real com picos firmes tingido de vermelho (p. 46)**

VOCÊ VAI PRECISAR DE

- **saco de confeitar com bico folha pequeno**
- **saco de confeitar com bico perlê nº 2**
- **4 m de fita dourada com 5 mm de largura cortada em 24 pedaços iguais**

DICA

Se você não tiver o bico folha pequeno, corte um triângulo pequeno na ponta de um saco de confeitar descartável para criar um efeito semelhante.
Para obter o efeito de folha com o saco de confeitar, aplique uma pequena quantidade de glacê e, quando atingir o tamanho certo da folha, puxe o bico para cima e para a frente do glacê. Se as folhas não mantiverem o formato, talvez seu glacê não esteja firme o suficiente. Misture um pouco mais de açúcar de confeiteiro antes de continuar confeitando. Se necessário, repita o procedimento.

1 Coloque o glacê real verde no saco de confeitar com o bico folha pequeno. Decore um biscoito por vez aplicando fileiras de folhas sobre cada um deles, começando pela borda interna e trabalhando no sentido da externa **(a)**. (Veja dicas de confeitaria nas pp. 157-9.) Quando o biscoito estiver coberto de folhas, se necessário, aplique algumas a mais por cima para cobrir qualquer falha. Repita a operação com o restante do glacê e os outros biscoitos. Deixe os biscoitos descobertos por 15 minutos em local fresco e seco, para o glacê firmar.

2 Quando o glacê verde estiver firme, coloque o vermelho no saco de confeitar com o bico perlê nº 2. Faça as frutinhas aplicando pequenos pontos vermelhos sobre cada biscoito. Deixe-os de um dia para o outro, descobertos, em local fresco e seco, para o glacê ficar firme.

3 Depois que o glacê secar completamente, pegue um pedaço de fita dourada, passe pelo furo do biscoito e faça um laço na parte de cima. Passe outro pedaço de fita por trás do laço e amarre as pontas (veja a foto). Repita o procedimento com os biscoitos e as fitas que restaram de modo a obter 12 enfeites para pendurar na árvore de Natal.

(a)

Bolo do dragão

RENDE 1 BOLO

açúcar de confeiteiro, para polvilhar
150 g de Pasta de modelar tingida de azul (pp. 160-1)
60 g de Pasta de modelar tingida de verde (pp. 160-1)
2 Bolos básicos de 20 cm (pp. 62-3)
1 receita de Glacê de manteiga com baunilha (p. 16)
100 g de geleia de framboesa sem sementes
800 g de Pasta americana branca (pp. 160-1)
200 g de Pasta americana tingida de vermelho (pp. 160-1)
cola comestível ou água fervida fria
5 g de Pasta americana tingida de preto (pp. 160-1)

VOCÊ VAI PRECISAR DE

rolo de macarrão
espaçador de marzipã de 5 mm (opcional)
moldes de dragão e de chama (p. 164)
faca afiada
bandeja forrada com papel--manteiga
base rígida para bolo de 20 cm
pincel pequeno

DICAS

Você vai precisar fazer as partes do dragão pelo menos um dia antes de usá-las.

Você pode mudar a expressão do dragão mexendo na posição da pupila dele.

1 Polvilhe açúcar de confeiteiro na superfície de trabalho e amasse a pasta de modelar azul para deixá-la maleável. Abra a massa com o rolo até que fique com 5 mm de espessura. Se preferir, use o espaçador de marzipã. Use os moldes para cortar a cabeça, as orelhas, o corpo e as pernas do dragão. Com a faca, talhe os dedos dos pés e a boca do animal. Alise as extremidades de todas as partes com as mãos. Repita o procedimento com a pasta verde para fazer a barriga e as asas, cortando os detalhes com a faca e alisando as extremidades com as mãos. Transfira as partes do bicho para a bandeja, sem montar, e deixe-as secar de um dia para o outro, descobertas, em local fresco e seco. Faça bolas com as sobras de pasta e guarde-as em um recipiente hermético para evitar que sequem.

2 Quando as partes do dragão estiverem secas, siga as instruções da p. 150, arrumando os bolos em camadas sobre a base rígida e recheando com o glacê de manteiga e com a geleia para fazer um bolo alto. Seguindo as instruções da p. 152, cubra o bolo com o restante do glacê. Leve o bolo à geladeira e deixe por 2 horas. Quando o glacê estiver firme, polvilhe açúcar na superfície de trabalho e amasse a pasta americana branca até que fique maleável. Seguindo as instruções da p. 153, abra a pasta americana e cubra o bolo e a base rígida. Faça uma bola com as sobras e guarde em um recipiente hermético para a pasta não ressecar.

3 Polvilhe açúcar de confeiteiro na superfície de trabalho e amasse metade da pasta americana vermelha até que fique maleável. Abra a pasta em uma camada fina e corte cerca de 10 chamas seguindo o molde. Pincele o verso de cada chama com cola comestível e fixe-as verticalmente na lateral do bolo (veja a foto). Repita o processo com o restante da pasta vermelha até que toda a lateral tenha sido coberta pelas chamas.

4 Pincele o verso das partes do dragão com cola comestível e fixe-as sobre o bolo. Use a foto como guia para fixar com cola as orelhas, a barriga, as pernas e as asas. Para criar o focinho, faça uma bolinha de pasta azul, achate um pouco e marque com a ponta do cabo do pincel. Faça uma bolinha com a pasta branca para o olho e outra menor com a pasta preta para a pupila. Cole uma por cima da outra. Faça então uma última, ainda menor, de pasta branca para a parte de cima da pupila. Achate levemente e cole. Fixe o focinho e o olho na cabeça com cola comestível. Para fazer a cauda, enrole a pasta azul que restou no formato de um cordão bem comprido, de cerca de 15 cm, e afinado na ponta. Achate a parte mais grossa para formar a base da cauda. Prenda com cola comestível sobre o bolo, tendo o cuidado de deixá-la bem alinhada com o corpo. Faça um pequeno triângulo com a pasta verde e cole na ponta da cauda. Curve um pouco como se moldasse um "S" e prenda com cola por cima e na lateral do bolo. Faça bolinhas com o restante da pasta verde, achate-as e prenda-as com cola comestível na cabeça e no corpo do dragão. Deixe-o secar de um dia para o outro.

Bolo mármore

BOLO DE BAUNILHA
manteiga com sal
açúcar
extrato de baunilha
ovos
farinha de trigo com fermento

BOLO DE CHOCOLATE
manteiga com sal em temperatura ambiente
açúcar mascavo
ovos
cacau em pó
farinha de trigo com fermento

VOCÊ VAI PRECISAR DE
batedeira
fôrma de bolo forrada com papel-manteiga (veja dicas sobre como forrar fôrmas de bolo na p. 149)

DICA
Se você dividir o bolo em camadas, embrulhe-o com papel--manteiga e com papel-alumínio e deixe-o reservado de um dia para o outro para firmar um pouco – assim vai ficar mais fácil de cortar. (Veja dicas sobre como cortar em camadas, rechear e cobrir bolos nas pp. 150 e 152-3.)

O quadro ao lado apresenta a quantidade de ingredientes e o tempo de forno necessários para diferentes tamanhos e estilos de bolo. Também oferece sugestões sobre o número de porções. Localize o tamanho e o estilo desejados e siga as orientações abaixo.

1 Preaqueça o forno a 180°C e deixe a manteiga amolecer um pouco. Para o bolo de baunilha, bata a manteiga, o açúcar e a baunilha na batedeira até a mistura ficar clara e leve. Bata levemente os ovos e acrescente-os à mistura aos poucos. Se a mistura começar a talhar, junte um pouco da farinha. Peneire a farinha sobre a massa e bata até ficar homogênea.

2 Para o bolo de chocolate, bata a manteiga e o açúcar mascavo na batedeira até ficar leve e fofa. Bata os ovos levemente e adicione-os aos poucos à mistura. Se começar a talhar, acrescente um pouco da farinha. Peneire o cacau em pó e a farinha por cima, reduza a velocidade da batedeira e bata até a mistura ficar homogênea.

3 Coloque as massas na fôrma, alternando colheradas da massa de baunilha e da de chocolate até terminar as duas. Corte-a várias vezes para criar um efeito marmorizado. Se for preciso, nivele a superfície, tomando cuidado para não estragar o efeito mármore. Asse pelo tempo recomendado ou até que o topo volte ao lugar quando pressionado de leve ou até um palito inserido no centro sair limpo. Como a temperatura dos fornos pode variar, verifique se o bolo está assado 5 minutos antes do tempo recomendado.

4 Retire o bolo do forno e deixe esfriar por 10 minutos. Desenforme e coloque o bolo sobre uma grade de metal para esfriar completamente.

Use o bolo mármore nas seguintes receitas do livro:

Bolo dos namorados com tubinhos de chocolate
pp. 48-9

Bolas festivas decoradas
pp. 92-5

Bolo de Natal
pp. 96-7

Bolo caixa de presente
pp. 134-5

Bolo da ratinha com margaridas
pp. 136-9

	Fôrma redonda ou quadrada de 10 cm/6 cupcakes	**Fôrma redonda ou quadrada de 13 cm**	**Fôrma redonda ou quadrada de 15 cm/4 metades de minifôrmas de bola de 8 cm/ 24 minicupcakes**	**Fôrma redonda ou quadrada de 18 cm**	**Fôrma redonda ou quadrada ou em formato de coração de 20 cm/12 cupcakes**	**Fôrma redonda ou quadrada de 23 cm/2 metades de fôrma de bola de 15 cm**
BOLO DE BAUNILHA:	—	—	—	—	—	—
Manteiga com sal	25 g	25 g	50 g	75 g	100 g	150 g
Açúcar	25 g/1 colher (sopa) mais 2 colheres (chá)	25 g/1 colher (sopa) mais 2 colheres (chá)	50 g/quase ¼ de xícara (chá)	75 g/quase ⅓ de xícara (chá)	100 g/quase ½ xícara (chá)	150 g/quase ⅔ de xícara (chá)
Extrato de baunilha	½ colher (chá)	½ colher (chá)	1 colher (chá)	1½ colher (chá)	2 colheres (chá)	1 colher (sopa)
Ovos	1 pequeno	1 pequeno	1 grande	1 grande	2 grandes	3 grandes
Farinha de trigo com fermento	25 g/quase ¼ de xícara (chá)	25 g/quase ¼ de xícara (chá)	50 g/quase ½ xícara (chá)	75 g/½ xícara (chá)	100 g/¾ de xícara (chá)	150 g/quase 1¼ xícara (chá)
BOLO DE CHOCOLATE:	—	—	—	—	—	—
Manteiga com sal	25 g	25 g	50 g	75 g	100 g	150 g
Açúcar mascavo	25 g/1 colher (sopa) mais 2 colheres (chá)	25 g/1 colher (sopa) mais 2 colheres (chá)	50 g/¼ de xícara (chá)	75 g/⅓ de xícara (chá)	100 g/½ xícara (chá)	150 g/¾ de xícara (chá)
Ovos	1 pequeno	1 pequeno	1 grande	1 grande	2 grandes	3 grandes
Cacau em pó	2 colheres (chá)	2 colheres (chá)	20 g/quase ¼ de xícara (chá)	30 g/¼ de xícara (chá)	40 g/⅓ de xícara (chá)	60 g/½ xícara (chá)
Farinha de trigo com fermento	1 colher (sopa)	1 colher (sopa)	30 g/¼ de xícara (chá)	45 g/⅓ de xícara (chá)	60 g/½ xícara (chá)	90 g/¾ de xícara (chá)
Tempo de forno	20 minutos	25 minutos	30 minutos para bolos	40 minutos para bolos	45 minutos para bolos	50 minutos
—	15 minutos para cupcakes	—	15 minutos para minimetades de bolas	—	15 minutos para cupcakes	45 minutos para metades de bolas
—	—	—	8 minutos para minicupcakes	—	—	—
Rende	bolos: 10 fatias	12 fatias	bolos: 15-20 fatias	20-30 fatias	bolos: 30-40 fatias	bolos: 40-50 fatias
—	cupcakes: 6	—	minimetades de bolas: 4	—	—	metades de bolas: 12-16
—	—	—	minicupcakes: 24	—	cupcakes: 12	—

Casa de biscoito de gengibre

RENDE 1 CASA

1 receita de massa de Biscoitos de gengibre (p. 27)
açúcar de confeiteiro, para polvilhar
100 g de Pasta americana tingida de cor de caramelo (pp. 160-1)
60 g de Pasta americana tingida de vermelho (pp. 160-1)
825 g de Pasta americana branca (pp. 160-1)
100 g de Glacê real com picos suaves (p. 46)
100 g de Glacê real com picos firmes (p. 46)

VOCÊ VAI PRECISAR DE

moldes da Casa de biscoito de gengibre (p. 166)
faca afiada
espátula
cortador ondulado (opcional)
rolo de macarrão pequeno
2 assadeiras forradas com papel--manteiga
2 sacos de confeitar sendo 1 com bico perlê nº 2
base rígida para bolo quadrado de 23 cm
rolo de macarrão grande
1 m de fita branca de 8 mm de largura
cortador reto de babado (opcional)

DICA

Você precisa fazer as paredes e o telhado da casa, bem como a porta e os enfeites, como a bengala de açúcar e o coração, um dia antes de usá-los.

1 Preaqueça o forno a 180°C. Abra a massa de biscoito de gengibre seguindo as instruções da p. 148. Coloque os moldes das paredes e do telhado sobre a massa e corte com a faca seguindo o molde. Você precisa de duas paredes laterais, de uma para a frente e de outra para os fundos e das duas faces do telhado. (Veja dicas de como cortar biscoitos na p. 148.)

2 Marque as telhas usando o cortador ondulado. Se preferir, marque o desenho com uma faca afiada. Se quiser ter uma janela em sua casa, posicione o molde de coração na parede do fundo e faça o corte ao redor. Use a espátula para transferir as paredes e o telhado para as assadeiras, deixando um espaço livre entre os biscoitos. Asse por 14 minutos e retire do forno. (O tempo de forno é um pouco maior do que o usual porque os biscoitos precisam ficar firmes para dar solidez à casa.) Transfira os biscoitos para uma grade de metal para esfriarem por completo. Guarde-os em um recipiente hermético.

3 Polvilhe açúcar de confeiteiro na superfície de trabalho e amasse 20 g da pasta americana caramelo, 50 g da pasta americana branca e 50 g da pasta americana vermelha até que fiquem maleáveis e macias. Para a porta, abra a pasta americana caramelo em uma camada fina e corte a porta seguindo o molde. Faça um xadrez na porta, marcando as linhas com a faca. Deixe a massa secar de um dia para o outro, descoberta, em local fresco e seco.

4 Polvilhe um pouco mais de açúcar de confeiteiro na superfície de trabalho. Para as decorações com as bengalas de açúcar, faça dois cordões de cerca de 15 g cada com as pastas branca e vermelha. Enrole um cordão ao redor do outro e, em seguida, role os dois juntos delicadamente sobre a superfície de trabalho **(a)** para criar uma bengala de pasta americana. Repita a operação com o restante das pastas branca e vermelha. Talhe um pedaço de cerca de 14 cm para fazer um arco ao redor da porta. Corte quatro postes de 4 cm, um para cada canto da casa. Faça quatro pirulitos redondos com o que sobrou. Abra o restante da pasta vermelha em uma camada fina e corte dois corações com o molde. Se a sua casa tem uma janela, você precisa só de um coração. Deixe todos os enfeites secarem de um dia para o outro, descobertos, em local fresco e seco **(b)**.

(a)

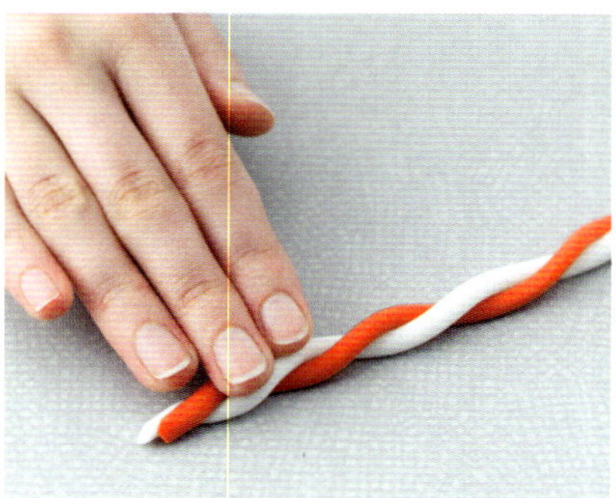

(b)

(c)

5 Quando a porta e os enfeites estiverem secos, decore as paredes da casa. Coloque o glacê real com picos suaves no saco de confeitar com o bico perlê nº 2. Fixe a porta e o seu arco à parede da frente da casa com um pouco de glacê. Cole um dos corações cerca de 2,5 cm acima da porta, usando o glacê. Se sua casa não tiver janela, fixe o outro coração na mesma posição na parede de trás. Fixe dois pirulitos redondos em cada lateral da casa.

6 Quando todos os enfeites estiverem colados, aplique um ponto grande de glacê sobre a porta para fazer a maçaneta. Em seguida, coloque os detalhes nos corações e uma pequena flor-de-lis acima dos corações ou da janela. Inclua linhas curvas em todas as paredes (veja dicas sobre como confeitar nas pp. 157-9). Reserve e deixe secar bem **(c)**. Não tente juntar as paredes enquanto as decorações estiverem úmidas.

7 Quando os enfeites secarem, coloque o glacê real com picos firmes no outro saco de confeitar e corte a pontinha, se necessário. Trabalhe rapidamente e aplique um pouco de glacê nas bordas da parte interna da parede da frente e coloque as paredes laterais em posição **(d)**. Repita com a parede de trás e coloque-as na posição. Apoie as paredes com copos ou latas de conserva e deixe secar de um dia para o outro, em local fresco e seco **(e)**. Feche o saco de confeitar e guarde em um recipiente hermético.

8 Enquanto isso, polvilhe açúcar de confeiteiro na superfície de trabalho e amasse 700 g da pasta americana branca até ficar maleável. Seguindo as instruções da p. 154, cubra a base rígida com pasta americana e passe a fita branca ao redor. Deixe secar de um dia para o outro, descoberta, em local fresco e seco.

(d)

(e)

9 Quando as paredes estiverem secas, aplique um pouco do glacê real com picos firmes na borda superior das paredes e coloque as duas partes do telhado no lugar **(f** e **g)**. Segure-as no lugar **(h)** e apoie as beiradas de baixo do telhado sobre copos de vidro ou latas de conserva para evitar que escorreguem. Deixe a casinha secando por algumas horas ou, se possíve , de um dia para o outro. Feche o saco de confeitar e guarde em um recipiente hermético.

10 Quando a casa estiver firme e todos os elementos estiverem fixados, aplique um pouco de glacê com picos firmes na extremidade inferior de todas as paredes e cuidadosamente posicione a casa no centro da base rígida que foi coberta. Fixe os postes de açúcar nos cantos da casa usando um pouco mais de glacê **(i)**. Para o beiral do telhado, abra o restante da pasta caramelo em uma camada fina e corte 4 bordas de aproximadamente 14 cm x 2 cm usando o cortador reto de babado. Se preferir, corte uma borda decorativa à mão com uma faca afiada **(j)**. Insira um pouco de glacê nas beiradas do telhado e prenda as bordas do beiral, aparando-o, se necessário.

11 Para a neve do telhado, abra o restante da pasta branca em uma camada fina e corte um retângulo de 16 cm x 9 cm. Abra as sobras e corte mais dois retângulos de cerca de 16 cm x 5 cm. Corte linhas curvas nas laterais de cada retângulo. Use o glacê real para fixar o pedaço grande de neve sobre o cume do telhado **(k)** e os pedaços menores nas extremidades de baixo. Deixe secar.

(f)

(g)

(h)

(i)

(j)

(k)

Biscoito de Ação de Graças

RENDE 12 BISCOITOS

açúcar de confeiteiro, para polvilhar
225 g de Pasta americana tingida de verde-claro (pp. 160-1)
12 biscoitos feitos com ½ receita da massa de sua preferência (pp. 26-7) cortados com o molde circular (p. 167) ou com o cortador circular de 6 cm
cola comestível ou 25 g de geleia de damasco aquecida
225 g de Pasta americana tingida de marfim (pp. 160-1)
50 g de Glacê real com picos suaves tingido de marfim (p. 46)
50 g de Glacê real com picos suaves tingido de verde-claro (p. 46)

VOCÊ VAI PRECISAR DE

rolo de macarrão pequeno
cortador circular de 5,5 cm
pincéis pequenos
espátula pequena
desenhos das folhas (p. 167)
scriber ou agulha afiada
2 sacos de confeitar com um bico perlê nº 2 cada

DICAS

A técnica de *scribing* é parecida com o passatempo de "unir pontinhos". Vale a pena o tempo e cuidado investidos, uma vez que as marcas feitas pelo scriber servirão como guia na hora de confeitar. Sempre deixe a pasta americana firmar um pouco antes de começar a marcação.
O efeito texturizado criado pela aplicação do glacê, que depois é trabalhado com o pincel, é chamado de *brush embroidery* (bordar com pincel). Você pode usar essa técnica em qualquer biscoito ou bolo que esteja coberto com pasta americana.

1 Polvilhe açúcar de confeiteiro na superfície de trabalho e amasse a pasta americana verde-clara até que fique maleável. Abra a pasta em uma camada fina e corte seis círculos de 5,5 cm. Pincele a cola comestível na superfície da metade dos biscoitos e com a espátula posicione os círculos de pasta americana sobre os biscoitos, tendo o cuidado de não esticar nem puxar a pasta. Alise a pasta delicadamente com os dedos. Repita a operação com a pasta americana marfim e os biscoitos que restaram para obter 12 biscoitos cobertos com pasta. Deixe secando por pelo menos 2 horas, descobertos, em local fresco e seco.

2 Enquanto isso, copie cada desenho de folha no papel. Recorte bem próximo do contorno de cada um para obter quatro guias. Quando a pasta americana tiver firmado um pouco, coloque uma guia sobre um biscoito, mantenha-a no lugar prendendo com dois alfinetes posicionados no topo e no pé do desenho (se a guia se movimentar enquanto a marcação estiver sendo feita, o desenho da folha será danificado e vai ser difícil aplicar o glacê por cima). Segure o biscoito com uma das mãos e com a outra faça a marcação do contorno e das ranhuras da folha usando o scriber **(a)**. Repita o procedimento com os outros biscoitos usando cada guia três vezes.

3 Para decorar os biscoitos verde-claros, coloque o glacê real marfim no saco de confeitar e umedeça um pincel com um pouco de água. Siga as marcações feitas com o scriber como guia e aplique uma linha de glacê sobre um quarto do contorno da folha. Em seguida, use o pincel umedecido para puxar delicadamente a linha de contorno para o centro, criando um efeito de textura **(b)**. (Veja dicas de confeitaria nas pp. 157-9.) Trabalhe por partes e continue a aplicar e puxar a linha de glacê para o centro do biscoito até completar o contorno da folha. Finalize aplicando cuidadosamente as ranhuras da folha de acordo com as marcações feitas. Decore um biscoito por vez e umedeça o pincel, se necessário. Repita a operação com o restante do glacê real marfim e os biscoitos verde-claros. Repita o passo 3 com o glacê real verde-claro e os biscoitos de cor marfim para obter 12 biscoitos. Deixe-os secando de um dia para o outro, descobertos, em local fresco e seco.

(a)

(b)

Bolo de batizado com flores brancas

RENDE 1 BOLO

1 Bolo básico redondo de 18 cm (pp. 62-3)
1 Bolo básico cítrico redondo de 13 cm (pp. 62-3)
1 receita de Glacê de manteiga com baunilha (p. 16)
açúcar de confeiteiro, para polvilhar
1 kg de Pasta americana tingida de azul-claro (pp. 160-1)
100 g de Pasta americana branca (pp. 160-1)
100 g de Glacê real branco com picos suaves (p. 46)

VOCÊ VAI PRECISAR DE

2 bases rígidas redondas, uma de 18 cm e outra de 13 cm
rolo de macarrão
2 cortadores/ejetores de flores de 1,2 cm e de 2,3 cm
almofada de espuma com relevo ou um pedaço de papel--alumínio amassado
boleador de duas bolas
varetas plásticas
2 sacos de confeitar, um deles com bico perlê nº 2

1 Siga as instruções da p. 150 e, sobre a base rígida, arrume os bolos em camadas, recheando com o glacê de manteiga. Leve à geladeira e deixe por 2 horas. Quando o glacê de manteiga estiver firme, polvilhe açúcar de confeiteiro na superfície de trabalho e amasse 700 g de pasta americana azul-clara até ficar maleável. Seguindo as instruções da p. 153, abra a pasta americana e cubra o bolo maior e a base rígida. Repita o procedimento com o restante da pasta e cubra o bolo menor e a base rígida. Faça uma bola com as sobras da pasta e guarde em um recipiente hermético.

2 Polvilhe açúcar de confeiteiro na superfície de trabalho e amasse a pasta americana branca até ficar maleável. Abra a massa em uma camada fina e corte 30-40 flores de 1,2 cm **(a)**. Coloque as flores sobre a almofada e marque o centro de cada uma com a bolinha menor do boleador ou com a pontinha do seu dedo mínimo **(b)**. Faça uma bola com as sobras e repita o passo 2 com o cortador de 2,3 cm para fazer 25-30 flores. Marque o centro de cada uma com a bolinha maior do boleador ou com seu dedo mínimo. Deixe os bolos e as flores secando de um dia para o outro, descobertos, em local fresco e seco.

3 Quando os bolos estiverem firmes e as flores estiverem secas, siga as instruções da p. 156 para fixar o bolo menor sobre o maior usando as varetas plásticas. Para fazer um bom acabamento entre um bolo e outro, adicione um pouco de água, algumas gotas por vez, em um pouco da pasta americana azul. Misture até que fique uma pasta grossa. Coloque no saco de confeitar sem bico e corte a pontinha, se necessário. Aplique a pasta ao redor da base do bolo de cima e passe o dedo por cima da junção para remover qualquer excesso de pasta. (Veja dicas de confeitaria nas pp. 157-9.) Coloque o glacê real no saco de confeitar com o bico perlê nº 2. Aplique seis pontos no centro das flores grandes **(c)** para criar um efeito de flor (veja a foto) e um ponto no centro das flores pequenas. Prenda as flores sobre o topo e as laterais do bolo usando pontos de glacê real. Deixe firmar, descoberto, em local fresco e seco, antes de servir.

(a)

(b)

(c)

Pinguins festeiros

RENDE 6 PINGUINS
10 g de manteiga com sal
100 g de marshmallows (rosa, branco ou misturados)
¼ de colher (chá) de extrato de baunilha
85 g de flocos de arroz
açúcar de confeiteiro, para polvilhar
200 g de Pasta americana tingida de preto (pp. 160-1)
60 g de Pasta americana tingida de laranja (pp. 160-1)
cola comestível ou água fervida fria
50 g de Pasta americana branca (pp. 160-1)
10 g de Pasta americana tingida com as cores vermelho, rosa-claro e verde (pp. 160-1)
5 g de Pasta americana tingida de amarelo (pp. 160-1)

VOCÊ VAI PRECISAR DE
rolo de macarrão pequeno
faca afiada
cortadores circulares de 2,5 cm, de 3,5 cm e de 7 mm
pincel pequeno
cortador reto de babados (opcional)

DICA
Para fazer algo rápido, fácil e delicioso, aperte a mistura de marshmallow de modo a formar uma camada homogênea dentro de uma fôrma rasa forrada com papel-manteiga. Deixe esfriar por cerca de 30 minutos e corte em vários formatos usando os cortadores de biscoito.

1 Derreta a manteiga em fogo baixo, adicione os marshmallows e mexa sem parar até derreter. Retire do fogo, junte a baunilha e os flocos de arroz e mexa bem. Deixe esfriar por 10 minutos.

2 Para fazer o corpo, pegue 15 g da mistura de marshmallow e modele no formato de uma lágrima – você pode manusear a mistura com firmeza. Pressione para deixar a superfície o mais lisa possível **(a)**, uma vez que qualquer imperfeição será visível sob a cobertura de pasta americana. Deixe a base do corpo plana. Repita a operação com o restante do marshmallow para fazer 6 corpos.

3 Polvilhe açúcar de confeiteiro na superfície de trabalho e amasse cerca de 50 g da pasta americana preta até ficar maleável. Abra a pasta americana em uma camada fina e use para cobrir um dos corpos de marshmallow, alisando os lados com as mãos **(b)**. Repita com a pasta preta restante, enrolando as sobras e abrindo novamente conforme necessário, até que todos os corpos estejam cobertos. Faça uma bola com as sobras e guarde em um recipiente hermético.

4 Para fazer os pés, abra a massa laranja em uma camada fina e corte 12 círculos de 2,5 cm. Faça duas linhas pequenas na ponta de cada pé com o cabo do pincel **(c)**. Coloque dois pés lado a lado e achate a metade de trás com o seu polegar para criar uma base plana sobre a qual será fixado o corpo **(d)**. Repita até que todos os pés estejam fixados. Faça uma bola com as sobras e guarde em um recipiente hermético para impedir que a pasta resseque ou quebre.

5 Para fazer as asas, abra a pasta preta novamente e corte 6 círculos de 2,5 cm de diâmetro. Corte cada um ao meio e, usando a cola, fixe em cada pinguim 2 semicírculos, um de cada lado, com o corte voltado para a frente **(e)**. Você pode variar os pinguins, mudando a posição das asas em cada um. Para as asas bem juntas, passe a cola em toda a parte de baixo antes de colar. Para obter asas mais soltinhas, passe a cola somente na metade de cima de cada asa. Faça uma bola com as sobras e guarde em um recipiente hermético para que a pasta não resseque nem quebre.

(a)

(b)

6 Para fazer as barrigas brancas, abra a pasta americana branca em uma camada fina e corte 6 círculos usando o cortador de 3,5 cm. Pincele um pouco de cola comestível sobre um deles e prenda em um pinguim, fixando perto dos pés para deixar espaço para o rosto **(f)**. Repita o procedimento até que todos tenham barriga. Faça uma bola com as sobras e guarde em um recipiente hermético para evitar que seque ou quebre.

7 Divida a pasta americana laranja que restou em 6 bolinhas e modele, com cada uma, um cone para os bicos. Prenda cada um em seu lugar com um pouco de cola **(g)**.

8 Para modelar os olhos, faça 12 bolinhas bem pequenas com a pasta branca. Passe um pouco de cola em cada uma e pressione delicadamente no lugar, um pouco acima do bico, achatando levemente enquanto cola. Para criar as pupilas, faça 12 bolinhas bem pequenas com as sobras da pasta preta e cole cada uma em seu lugar. Você pode mudar a expressão de cada pinguim simplesmente alterando a posição das pupilas **(h)**.

(c)

(d)

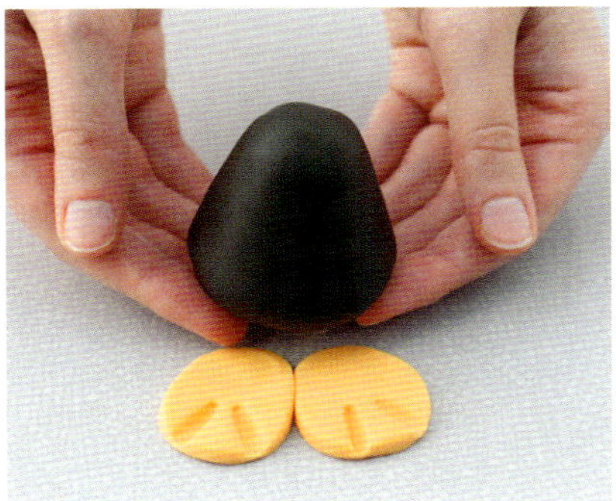

(e)

(f)

(g)

(h)

9 Prepare uma variedade de chapéus e itens criativos de vestuário usando as pastas vermelha, rosa-clara, verde, amarela e qualquer outra sobra de pasta americana. Amasse as pastas até que fiquem macias e maleáveis e abra uma camada bem fina de cada uma.

Para fazer um chapéu, corte um retângulo de 10 cm x 1,5 cm de pasta de qualquer cor. Corte uma borda decorativa em um dos lados do comprimento usando o cortador reto de babados ou uma faca afiada. Passe em volta da cabeça do pinguim para formar o chapéu. Esconda a emenda na parte de trás e prenda com um pouco de cola.

Para fazer uma máscara de super-herói, corte um retângulo de 10 cm x 1,5 cm de qualquer cor. Apare as pontas de forma que a máscara fique mais larga no centro e mais afilada nas extremidades (veja a foto). Corte os buracos para os dois olhos com o cortador de 7 mm. Coloque a máscara sobre a cara do pinguim e fixe no lugar com um pouco de cola.

Para compor um nariz de palhaço, faça uma bolinha com a pasta vermelha e cole na ponta do bico do pinguim.

Para fazer o distintivo do xerife, corte uma estrela de pasta amarela com a faca e cole sobre o peito do pinguim.

Para criar a tiara com as orelhas de coelhinho, faça 2 bolinhas de pasta branca e modele cada uma no formato de uma gota achatada para as orelhas. Faça dois cordões bem pequenos de pasta rosa, achate-os e cole-os nas orelhas. Prepare a tiara com um pouco de pasta branca. Faça um cordão bem fino de cerca de 6 cm de comprimento. Achate a tiara e prenda na parte de cima da cabeça do pinguim, cortando as sobras, se necessário. Fixe as orelhas na posição correta, usando um pouco de cola comestível.

10 Deixe os pinguins secarem de um dia para o outro, sem cobrir, em um local fresco e seco para a pasta assentar.

Bolinhos minifantasmas

RENDE 6 BOLINHOS

6 cupcakes preparados com o Bolo delicioso de chocolate (pp. 56-7) e com as forminhas de papel removidas
1 receita de Calda de açúcar com baunilha (p. 119)
¼ de receita de Glacê de manteiga com baunilha (p. 16)
6 colheres (chá) de geleia de framboesa sem sementes
açúcar de confeiteiro, para polvilhar
1 kg de Pasta americana branca (pp. 160-1)
cola comestível ou água fervida fria
25 g de Pasta americana tingida de preto (pp. 160-1)

VOCÊ VAI PRECISAR DE

faca pequena serrilhada
6 cartões rígidos redondos de 7,5 cm
pincel para massa
espátula de confeiteiro pequena
rolo de macarrão pequeno
cortador circular de 12,5 cm
espaçador de marzipã de 5 mm (opcional)

DICA

Você pode alterar a expressão dos fantasmas mudando a posição da pupila e o formato da boca (veja a foto).

1 Corte o topo dos cupcakes com a faca serrilhada para que fiquem planos. Reserve os pedaços cortados até que sejam necessários. Vire os cupcakes de cabeça para baixo e prenda cada um em um cartão rígido usando um pouco de glacê de manteiga.

2 Pincele um pouco de calda de açúcar nas laterais e no topo de cada cupcake. Use a espátula para espalhar uma camada de glacê seguida de uma de geleia sobre cada bolinho. Coloque os pedaços de bolo reservados sobre cada cupcake para dar um formato abaulado uniforme. Limpe a espátula e cubra-os com o restante do glacê de manteiga. Leve à geladeira e deixe por 2 horas para que fiquem firmes.

3 Polvilhe açúcar de confeiteiro na superfície de trabalho e amasse metade da pasta americana branca até ficar maleável. Abra a massa em uma camada fina e corte 6 círculos com o cortador de 12,5 cm. Seguindo as instruções da p. 153, cubra os bolinhos com a pasta americana.

4 Polvilhe mais açúcar na superfície de trabalho e amasse o restante da pasta branca até deixá-la maleável. Abra a massa com o rolo até que fique com 5 mm de espessura, usando, se preferir, o espaçador de marzipã. Corte mais 6 círculos com o mesmo cortador e passe o rolo em todos para ficarem ainda mais finos. Pincele o topo de cada bolinho com um pouco de cola comestível e, com cuidado, coloque um círculo de pasta sobre cada um, moldando a base para dar o movimento de um tecido. Faça uma bola com as sobras e guarde em um recipiente hermético para não ressecar nem quebrar.

5 Amasse a pasta americana preta até deixá-la maleável. Para fazer os olhos, faça 12 bolinhas e achate cada uma com o polegar. Para as pupilas, faça 12 bolinhas de pasta branca e fixe-as nos olhos com cola comestível, achatando-as levemente enquanto cola. Para fazer a boca, prepare 6 cordões de pasta preta, achate-os e dê diferentes formatos, cortando os excessos, se necessário. Prenda os olhos e a boca em cada fantasma com cola comestível. Deixe-os firmar por pelo menos 2 horas, descobertos, em local fresco e seco.

Bolas festivas decoradas

RENDE 2 BOLAS FESTIVAS DECORADAS

manteiga para untar
massa de bolo básico no sabor de sua preferência para 4 metades de minibolas de 8 cm (pp. 56-7, 62-3 ou 76-7)
1 receita de Calda de açúcar (p. 119)
½ receita de Glacê de manteiga com baunilha (p. 16)
açúcar de confeiteiro, para polvilhar
125 g de Pasta americana tingida de vermelho (p. 160-1)
125 g de Pasta americana tingida de laranja (p. 160-1)

VOCÊ VAI PRECISAR DE

fôrma com 6 metades de bola de 8 cm
faca grande serrilhada
pincel para massa
espátula de confeiteiro pequena
rolo de macarrão pequeno
espaçador de marzipã de 5 mm (opcional)
alisador de pasta
faca afiada

DICA

Experimente fazer essas bolas de bolo usando o Bolo básico com chocolate recheado com o Glacê de manteiga cítrico de laranja (pp. 62-3 e p. 16).

1 Unte quatro cavidades da fôrma e despeje a massa em cada uma, preenchendo dois terços da sua capacidade. Com as costas de uma colher, pressione o centro da massa na direção das bordas, criando uma depressão. Isso evita que a massa cresça muito no centro.

2 Asse por 15 minutos ou até um palito inserido no centro sair limpo. Retire do forno e deixe esfriar na fôrma.

3 Usando a faca serrilhada, nivele os bolos que tiverem crescido acima da borda. Vire os bolos sobre a superfície de trabalho.

4 Com a faca serrilhada, nivele bem o lado plano de cada metade de bola para ter certeza de que elas se ajustarão criando uma bola sem falhas. Pincele os lados cortados dos bolos com calda de açúcar, espalhe uma camada fina de glacê de manteiga e junte as duas metades para formar a bola. Use a espátula para cobrir a bola com o glacê de manteiga **(a)**. Leve à geladeira e deixe por 2 horas, até firmar. Repita a operação com as outras metades para obter 2 bolas.

5 Quando o glacê estiver firme, polvilhe açúcar de confeiteiro na superfície de trabalho e amasse a pasta americana vermelha para deixá-la maleável. Abra a massa até ficar com 5 mm de espessura, usando o espaçador de marzipã, se preferir. Levante a pasta americana aberta e coloque sobre uma das bolas delicadamente. Alise a pasta sobre o bolo com as mãos até cobri-lo por completo, mas tendo o cuidado de não esticar nem puxar a pasta. Junte a pasta na base do bolo **(b)**. Corte os excessos com uma faca afiada e achate um pouquinho a base **(c)** – isso vai permitir que o bolo fique em pé. Com um alisador próprio, alise a pasta americana outra vez. Escolha um lado para ser a parte da frente, deixando-o o mais liso e uniforme possível, escondendo qualquer vinco ou ranhura da pasta na parte de trás do bolo. Repita com a outra bola, usando a pasta americana laranja. Decore as bolas imediatamente.

DECORAÇÕES NATALINAS

RENDE 1 BOLA DE NATAL

½ espaguete de massa seca
açúcar de confeiteiro, para polvilhar
30 g de Pasta americana tingida de caramelo (pp. 160-1)
cola comestível ou água fervida fria
bola de bolo de 8 cm coberta com pasta americana tingida de vermelho (p. 92)
corante alimentício dourado em pó
30 g de Glacê real com picos suaves tingido de vermelho (p. 46)

VOCÊ VAI PRECISAR DE

papel-manteiga
rolo de macarrão pequeno
espaçador de marzipã de 5 mm (opcional)
faca afiada
cortador reto de babados
cortador circular de 3,5 cm (opcional)
pincéis pequenos
saco de confeitar com bico perlê nº 2

Para a Bola de Natal vermelha

1 Esta receita dá para um bolo, mas, se quiser fazer mais, simplesmente multiplique a quantidade dos ingredientes listados. Para fazer a alça de cima da bola, mergulhe o pedaço de espaguete em uma caneca com água fervendo por 10 minutos, ou até que fique maleável. Dobre o espaguete no formato de uma alça (veja a foto na p. 95) e coloque-o sobre o papel-manteiga para secar.

2 Polvilhe açúcar na superfície de trabalho e amasse a pasta americana caramelo até ficar maleável. Abra a pasta na espessura de 5 mm usando o espaçador de marzipã, se preferir. Corte uma tira de 15 cm x 3 cm. Separe as bordas com o cortador reto de babados ou recorte um padrão de babados com a faca (veja a foto na p. 101).

3 Faça uma bola com as sobras da pasta caramelo e abra novamente na espessura de 5 mm. Corte um círculo de 3,5 cm com o cortador ou com a faca. Vire o círculo de cabeça para baixo e pincele as bordas com um pouco de cola comestível. Prenda a tira decorada à borda do círculo (veja a foto na p. 95). Fixe esse conjunto na parte de cima do bolo com um pouco de cola comestível. Faça um cordão com a pasta caramelo e fixe sobre o centro do círculo. Prenda as pontas da alça de espaguete no cordão e fixe com a cola. Deixe o bolo secar de um dia para o outro, descoberto, em local fresco e seco.

4 Quando a pasta americana estiver seca, coloque um pouco do corante em pó em uma vasilha pequena, adicione algumas gotas de água por vez e misture até obter uma tinta espessa. Pinte a pasta caramelo e a alça de espaguete e deixe secar completamente.

5 Quando a tinta dourada estiver seca, coloque o glacê real vermelho no saco de confeitar e aplique voltas e linhas curvas, indo do topo da bola para baixo (veja foto na p. 95). Se não sentir segurança para aplicar linhas curvas, aplique várias linhas retas, de diversos comprimentos. Se quiser, decore seu desenho com pontos de glacê. (Veja dicas de confeitaria nas pp. 157-9.) Deixe o bolo firmar de um dia para o outro, descoberto, em local fresco e seco.

Para a Bola laranja

RENDE 1 BOLA LARANJA

1 bola de bolo de 8 cm coberta com pasta americana tingida de laranja (p. 92)
açúcar de confeiteiro, para polvilhar
50 g de Pasta para flor tingida de vermelho (pp. 160-1)
cola comestível ou água fervida fria
30 g de Glacê real com picos suaves tingido de marrom--escuro (p. 46)

VOCÊ VAI PRECISAR DE

palitos
rolo de macarrão pequeno
faca afiada
carretilha com rodinha picotada
moldes de laço (p. 165)
pincéis pequenos
lenço de papel
saco de confeitar com bico perlê nº 1,5

1 Esta receita dá para um bolo, mas, se quiser preparar mais, simplesmente multiplique as quantidades dos ingredientes listados. Remova a ponta afiada de um palito e marque pequenos buracos em toda a pasta laranja – isso vai tomar tempo, mas a atenção nessa etapa resultará em um efeito mais realista. Deixe o bolo secar de um dia para o outro, descoberto, em local fresco e seco.

2 Polvilhe açúcar na superfície de trabalho e amasse a pasta para flor até ficar macia e elástica. Abra a pasta em uma camada fina e corte quatro tiras de aproximadamente 12 cm x 1,5 cm cada. Use a carretilha para marcar uma linha pontilhada ao longo das bordas de cada tira. Arrume as tiras sobre a bola para formar uma cruz, fixando-as com a cola comestível.

3 Faça uma bola com as sobras da pasta e abra-a novamente bem fina. Coloque os moldes do laço sobre a pasta e faça o corte com a faca afiada. Use a carretilha para marcar uma linha pontilhada ao longo das bordas de cada tira. Fixe as pontas do laço em cima do bolo, criando um movimento na lateral e prenda as duas pontas, pressionando-as. Firme com um pouco de cola.

4 Pegue um pedaço da volta do laço e passe um pouco de cola comestível nas pontas. Dobre ao meio para criar a volta do laço e aperte as pontas levemente. Repita com a outra volta do laço para fazer as duas voltas. Preencha a volta do laço com um lenço de papel amassado – isso vai manter a pasta na posição enquanto seca. Posicione as voltas do laço sobre o bolo e fixe com a cola. Coloque a junção do laço ao redor do ponto onde as voltas se unem e prenda-a com a cola.

5 Coloque o glacê real marrom no saco de confeitar. Para obter o efeito do cravo preso nas laterais da fita, aplique um pequeno "x" e, sobre ele, aplique um ponto. Repita nas laterais de todas as fitas, começando na parte de cima e seguindo para baixo até a base. (Veja dicas de confeitaria nas pp. 157-9.) Deixe o bolo em local fresco e seco de um dia para o outro, para firmar o glacê. Retire o lenço de papel do laço antes de servir.

Bolo de Natal

RENDE 1 BOLO
2 metades de bola de bolo no sabor de sua preferência (pp. 56-7, 62-3 e 76-7)
1 receita de Calda de açúcar (p. 119)
1 receita de Glacê de manteiga com baunilha (p. 16)
açúcar de confeiteiro, para polvilhar
1 kg de Pasta americana tingida de marrom (pp. 160-1)
150 g de Pasta americana branca (pp. 160-1)
cola comestível ou água fervida fria
5 g de Pasta americana tingida de preto (pp. 160-1)
15 g de Pasta americana tingida de vermelho (pp. 160-1)
50 g de Pasta americana tingida de verde-escuro (pp. 160-1)

VOCÊ VAI PRECISAR DE
faca grande serrilhada
pincel para massa
espátula de confeiteiro
rolo de macarrão
espaçador de marzipã de 5 mm (opcional)
faca afiada
alisador de pasta
pincel
molde de folha de azevinho (p. 162) passado para uma cartolina e recortado

1 Com a faca serrilhada, nivele bem o lado plano das metades da bola para ter certeza de que elas se ajustarão, criando uma bola sem falhas. Corte cada bolo ao meio no sentido horizontal para obter quatro camadas. Pincele os lados cortados com calda de açúcar e una novamente as camadas. Use a espátula para rechear e cobrir o bolo com o glacê de manteiga. (Veja dicas sobre rechear e cobrir bolos no formato de bola na p. 92.) Leve à geladeira e deixe por 2 horas até firmar.

2 Quando o glacê de manteiga estiver firme, polvilhe açúcar de confeiteiro na superfície de trabalho e amasse a pasta americana marrom, deixando-a maleável. Abra a pasta até que fique com 5 mm de espessura, usando o espaçador, se preferir. Levante a pasta e coloque-a com cuidado sobre o bolo. Alise a pasta sobre o bolo com as mãos, deixando-o totalmente coberto. Procure não esticar nem puxar a pasta. Junte a pasta americana na base do bolo. Corte os excessos de pasta com a faca e achate levemente a base – isso vai permitir que o bolo fique em pé sem necessitar de apoio. Alise a pasta de novo, usando o alisador. (Veja dicas de cobertura de bolos no formato de bola na p. 92.) Faça uma bola com as sobras e guarde em um recipiente hermético para a pasta não ressecar nem quebrar.

3 Para fazer o glacê branco, polvilhe açúcar de confeiteiro na superfície de trabalho e amasse a pasta americana branca até ficar maleável. Abra a pasta em um círculo de 10 cm de diâmetro e 5 mm de espessura, usando o espaçador de marzipã, se preferir. Corte uma linha ondulada ao redor da borda. Passe um pouco de cola comestível na parte de cima do bolo e fixe a pasta branca, pressionando-a levemente, para firmar. Faça uma bola com as sobras e guarde em um recipiente hermético para não ressecar nem quebrar.

4 Para representar as nozes, faça 15 bolinhas com a pasta americana preta. Para fazer as cascas cristalizadas, amasse um pedaço bem pequeno de pasta americana marrom com 5 g de pasta branca, de modo a obter uma massa marrom-clara. Faça 6 bolinhas com elas. Para compor as frutas desidratadas, use 5 g de pasta vermelha, obtendo nove bolinhas. Pincele todas elas com cola e fixe-as ao redor do bolo.

5 Para fazer as folhas de azevinho, polvilhe açúcar na superfície de trabalho e amasse a pasta americana verde-escura até ficar maleável. Abra a massa bem fina e corte três folhas, usando o molde. Marque os veios de cada folha com a faca. Pincele um pouco de cola atrás de cada folha e fixe-as em cima do bolo. Faça uma pequena curva em cada uma. Para criar as frutinhas, faça três bolinhas com o restante da pasta vermelha e fixe-as no meio das folhas. Deixe o bolo descoberto em local fresco e seco de um dia para o outro.

Biscoito galinha da Páscoa

RENDE 6 BISCOITOS DE GALINHA E 12 DE OVOS

200 g de Glacê real com picos suaves tingido de marrom--escuro (p. 46)
6 biscoitos de galinha e 12 de ovos feitos com ½ receita de massa de biscoito de sua preferência (pp. 26-7) cortados com os moldes de galinha e de ovo (p. 169)
50 g de Glacê real com picos suaves tingido de vermelho (p. 46)
100 g de Glacê real com picos suaves tingido da cor creme (p. 46)
10 g de Glacê real com picos suaves branco (p. 46)
10 g de Glacê real com picos suaves tingido de preto (p. 46)

VOCÊ VAI PRECISAR DE

5 sacos de confeitar, 3 deles com bico perlê nº 2
3 bisnagas plásticas

1 Coloque 50 g do glacê real marrom-escuro em um dos sacos de confeitar com o bico perlê nº 2. Aplique o contorno da galinha, ignorando a crista e a barbela. (Veja dicas de confeitaria nas pp. 157-9.) Feche o saco de confeitar e guarde em um recipiente hermético até a hora de usar. Coloque metade do glacê real vermelho em outro saco de confeitar com o bico perlê e aplique o contorno da crista e da barbela no biscoito. Coloque 30 g de glacê real da cor creme no terceiro saco de confeitar e aplique o contorno do bico da galinha sobre o biscoito **(a)** e o contorno de um dos ovos. Deixe os biscoitos descobertos por 10-15 minutos, em local fresco e seco, para o glacê secar.

2 Enquanto isso, coloque o restante dos glacês marrom, vermelho e creme em três vasilhas e adicione água suficiente para amolecê-los até que fiquem com a consistência líquida (p. 46). Coloque cada glacê em uma bisnaga plástica.

3 Decore um biscoito por vez. Preencha rapidamente o centro de cada galinha com o glacê marrom-escuro **(b)** e, em seguida, aplique pequenas gotas de glacê da cor creme sobre o corpo da galinha, para criar algumas manchas **(c)** – se não fizer isso imediatamente, as manchas vão secar fora do corpo da galinha. Repita a operação nos outros biscoitos de galinha usando os glacês líquidos marrom e creme que restaram, até que todas tenham pintas no corpo. Preencha a crista e a barbela das galinhas com o glacê vermelho e, em seguida, os bicos, com o glacê líquido da cor creme. Preencha o centro dos ovos com o glacê líquido da cor creme. Deixe os biscoitos descobertos por pelo menos 1 hora, em local fresco e seco, para os glacês secarem.

4 Quando a cobertura estiver firme, use o restante do glacê real marrom para aplicar um novo contorno nas bordas de cada galinha. Aplique o detalhe da asa sobre o corpo da galinha. Coloque o glacê real branco em um dos sacos de confeitar que restaram e corte a pontinha, se necessário. Aplique um olho em cada galinha e deixe secar por 10-15 minutos. Quando o glacê estiver seco, coloque o glacê real preto no último saco de confeitar e corte a pontinha, se necessário. Aplique uma pupila pequena sobre cada olho. Deixe os biscoitos descobertos de um dia para o outro, em local fresco e seco, para o glacê ficar firme.

(a)

(b)

(c)

Biscoito do Dia das Mães

RENDE 4 BISCOITOS

açúcar de confeiteiro, para polvilhar
50 g de Pasta americana tingida de cor-de-rosa (p. 46)
4 biscoitos preparados com ¼ de receita de massa de biscoito de sua preferência (pp. 26-7) cortados com os moldes de bolsa e sapato (p. 168)
cola comestível ou 25 g de geleia de damasco aquecida
20 g de Pasta americana tingida da cor creme (pp. 160-1)
20 g de Pasta americana tingida de preto (pp. 160-1)
80 g de Pasta americana tingida de lilás (pp. 160-1)
corante alimentício prateado em pó

VOCÊ VAI PRECISAR DE

rolo de macarrão pequeno
moldes de bolsa e sapato (veja acima)
régua
faca afiada
pincel pequeno
espátula de confeiteiro pequena
carretilha com rodinha picotada
boleador de duas bolas
cortador reto de babados (opcional)
almofada de espuma ou pano de cozinha seco, limpo e dobrado

Para fazer a Bolsa cor-de-rosa

1 Polvilhe açúcar de confeiteiro na superfície de trabalho e amasse a pasta americana rosa até ficar maleável. Abra a massa bem fina e corte a bolsa usando o molde. Usando a régua como auxiliar, corte a parte de cima da bolsa e apare as laterais para formar um retângulo. (A largura do retângulo deve ser um pouco menor do que a da bolsa feita de biscoito.) Faça uma bola com as sobras de pasta e guarde em um recipiente hermético para não ressecar nem quebrar.

2 Pincele a parte de baixo do retângulo rosa com cola e fixe sobre o biscoito. Use a espátula, tendo o cuidado de não esticar a pasta. Para obter o efeito de matelassê, use a carretilha para marcar linhas diagonais sobre a pasta **(a)**.

3 Para criar o detalhe em cor creme, abra a pasta creme e corte um retângulo de 10 cm x 1 cm. Faça duas marcas nas pontas com a ponta maior do boleador **(a)**. Use cola comestível para fixar o detalhe de forma a ajustá-lo com a parte cor-de-rosa. Corte os excessos, se necessário.

4 Para a alça, faça uma bola com a pasta americana preta. Divida ao meio e faça dois cordões de aproximadamente 15 cm de comprimento. Enrole um no outro e, depois, role os dois juntos sobre a superfície de trabalho **(b)**, formando uma alça. Corte as pontas para igualar. Cole a alça ao detalhe, usando as marcas feitas com o boleador como referência.

5 Para os pingentes, faça duas bolinhas de pasta americana preta e mais duas ainda menores de pasta creme. Achate todas as bolinhas. Cole as bolinhas de cor creme nas pretas e reserve. Faça mais duas bolas de pasta preta e modele no formato de gotas. Achate um pouco e faça três ou quatro cortes para os pingentes **(c)**. Cole os pingentes nas pontas da alça e, por cima, as bolinhas pretas e de cor creme (veja a foto na p. 103).

(a)

(b)

(c)

(d)

Para fazer o Sapato cor-de-rosa de salto

6 Polvilhe açúcar na superfície de trabalho e abra bem o que restou das pastas cor-de-rosa, preta e creme. Usando o molde, corte um sapato de cada cor.

7 Corte a parte central do sapato cor-de-rosa, a ponta e o calcanhar de cor creme, e o salto, o solado e o detalhe do sapato preto. Para fazer a ponta do calcanhar, use a faca, marcando uma linha na pasta preta no topo do salto. Faça bolas com as sobras e guarde em um recipiente hermético para que as pastas não ressequem nem quebrem.

8 Para obter o efeito de matelassê na parte central, marque, com a carretilha, linhas diagonais sobre a pasta cor-de-rosa. Com a espátula, coloque as várias partes do sapato **(d)** sobre o biscoito, cortando os excessos, se necessário, para obter um bom acabamento. Pincele a superfície do biscoito com cola e fixe cada pedaço de pasta em seu lugar, sem puxar nem esticar.

Para fazer a Bolsa lilás

9 Polvilhe açúcar de confeiteiro na superfície de trabalho e amasse a pasta americana lilás até ficar maleável. Para os babados, abra a pasta em uma camada fina e corte quatro tiras de 10 cm x 2 cm cada. Corte os babados em um dos lados das tiras, usando o cortador reto de babados **(e)**, ou corte o desenho de babados com a faca. Coloque as tiras sobre a almofada de espuma e role com cuidado a bola grande do boleador sobre os babados, para dar leveza às pontas **(f)**.

10 Cole as camadas de babados. Prenda uma camada à parte de baixo da bolsa de biscoito e sobreponha as outras camadas até cobrir todo o biscoito **(g)**. Não cubra o fecho com a pasta lilás. Corte os babados, conforme necessário.

(e)

(f)

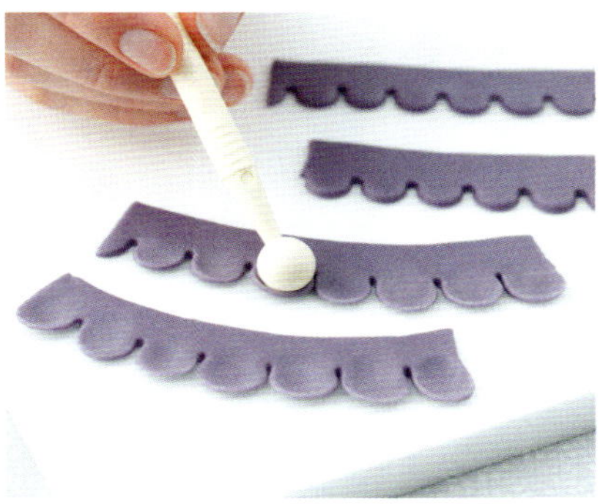

(g)

11 Para criar o fecho, faça um cordão pequeno com um pouco da pasta creme e cole na parte de cima da bolsa. Corte os excessos, conforme necessário. Faça duas bolinhas e prenda no meio do cordão para compor o fecho. Quando a pasta estiver completamente seca, coloque um pouco do corante comestível em pó em uma vasilha e adicione algumas gotas de água até obter uma tinta espessa. Pinte o fecho com a tinta prateada e deixe secar completamente. Cubra a tinta com filme de PVC e reserve até que seja necessária.

Para fazer o Sapato lilás

12 Polvilhe açúcar de confeiteiro na superfície de trabalho e amasse o restante da pasta americana lilás até que fique maleável. Abra a pasta em uma camada fina e recorte o sapato usando o molde. Corte um pedaço pequeno da pasta na parte de cima do sapato para criar o lugar do pé **(h)**. Use a pasta como guia e passe um pouco de cola comestível sobre o biscoito. Use a espátula para colocar a pasta americana no lugar, tendo o cuidado de não puxar nem esticar **(i)**. Alise a pasta com as mãos.

13 Use a carretilha para marcar os pontos da costura do sapato e marque uma linha na ponta do salto (veja a foto) com as costas da faca.

14 Para fazer a rosa, abra a pasta lilás em uma camada fina e corte uma tira de 10 cm x 1 cm. Corte um babado em uma borda da tira com o cortador reto de babados ou corte um desenho de babados com a faca afiada. Enrole a tira delicadamente para formar uma rosa **(j)**. Aperte a pasta na base da rosa, corte o excesso para deixar a base plana e cole a rosa no sapato. Faça uma bolinha com a pasta creme e cole no centro da rosa. Quando a pasta estiver completamente seca, pinte a bolinha do centro da rosa com a tinta prateada e deixe secar.

(h)

(i)

(j)

Minicúpulas de aniversário com borboletas

RENDE 4 BOLINHOS

açúcar de confeiteiro, para polvilhar
200 g de Pasta americana tingida de amarelo-claro (pp. 160-1)
200 g de Pasta americana tingida de azul-claro (pp. 160-1)
4 minicúpulas (p. 128) feitas com Bolo básico ou Bolo mármore (pp. 62-3 ou 76-7)
50 g de Pasta de modelar tingida de amarelo (pp. 160-1)
50 g de Pasta de modelar tingida de azul-escuro (pp. 160-1)
30 g de Glacê real com picos firmes tingido de preto (p. 46)

VOCÊ VAI PRECISAR DE

rolo de macarrão pequeno
espaçador de marzipã de 5 mm (opcional)
faca afiada
molde de borboletas (p. 169)
assadeira forrada com papel-manteiga e papel-manteiga extra para forrar as "calhas"
saco de confeitar com bico perlê nº 2
cartolina no formato A4

DICAS

Veja dicas sobre como assar bolo em metades de bolas na p. 92.

Você vai precisar fazer a cobertura dos bolos e as asas das borboletas pelo menos um dia antes de usá-los. (Veja dicas de como montar as borboletas de açúcar na p. 116.)

1 Polvilhe açúcar de confeiteiro na superfície de trabalho e amasse a pasta americana amarelo-clara deixando-a maleável. Abra a pasta até que fique com 5 mm de espessura, usando o espaçador de marzipã, se preferir. Corte dois quadrados de 13 cm x 13 cm. Repita a operação com a pasta azul-clara para obter quatro quadrados de pasta americana no total. Seguindo as instruções da p. 153, use um quadrado de pasta para cobrir cada bolo, cortando os excessos, se necessário. Deixe os bolos descobertos de um dia para o outro em local fresco e seco, para a pasta firmar.

2 Para fazer as borboletas, polvilhe açúcar de confeiteiro na superfície de trabalho e amasse a pasta de modelar amarela até que fique maleável. Abra a massa em uma camada fina e corte duas borboletas grandes e duas pequenas usando os moldes. Repita a operação com a massa de modelar azul para obter oito borboletas no total. Corte cada borboleta ao meio na vertical e transfira as asas para a assadeira.

3 Coloque o glacê real preto no saco de confeitar com o bico perlê nº 2 e aplique no contorno das asas de cada borboleta. (Veja dicas de confeitaria nas pp. 157-9.) Feche o saco de confeitar e guarde em um recipiente hermético até a hora de usar novamente. Deixe as asas secando de um dia para o outro, descobertas, em local fresco e seco.

4 Quando a pasta americana estiver firme e as asas estiverem secas, faça três pregas na cartolina no sentido do comprimento para conseguir um "V" profundo, como uma "calha" – isso vai ajudar a montar as borboletas e vai permitir que as asas sequem formando um ângulo. Corte uma tira de 60 cm x 10 cm de papel-manteiga. Dobre-a ao meio no sentido do comprimento e use-a para forrar a "calha". Para montar as borboletas grandes, aplique uma linha de 3 cm de glacê real preto na dobra do fundo da "calha". Pegue um conjunto de uma borboleta grande e pressione os lados que foram cortados na linha de glacê para criar uma borboleta (p. 116). Começando pela cauda, aplique uma segunda linha de glacê preto para fazer o corpo e termine com um ponto grande, para compor a cabeça. Repita a operação com as outras borboletas grandes. Para montar as borboletas pequenas, aplique uma linha de 1,5 cm no fundo da "calha" e repita tudo como descrito acima. Feche o saco de confeitar e guarde em um recipiente hermético até a hora de usar novamente. Deixe as borboletas secando na "calha" por pelo menos 2 horas.

5 Quando as borboletas estiverem firmes e completamente secas, prenda uma grande e uma pequena em cima de cada bolo, usando um ponto do glacê preto para fixar. Deixe os bolos secarem por pelo menos 10-15 minutos, descobertos, em local fresco e seco.

Bolo trenó do Papai Noel

RENDE 1 BOLO
50 g de geleia de damasco aquecida
1 Bolo redondo de frutas de 18 cm (pp. 108-9)
açúcar de confeiteiro, para polvilhar
750 g de marzipã
765 g de Pasta americana branca (pp. 160-1)
100 g de Pasta de modelar tingida de vermelho (pp. 160-1)
10 g de Pasta americana de cada uma destas cores: verde, rosa-escuro, lilás, laranja e amarelo-claro ou cores de sua preferência (pp. 160-1)
50 g de Glacê real com picos suaves branco (p. 46)

VOCÊ VAI PRECISAR DE
base rígida para bolo de 18 cm
rolo de macarrão
pincel para massa
moldes do trenó (p. 169)
faca afiada
bandeja forrada com papel--manteiga
saco de confeitar com bico perlê nº 1,5
60 cm de fita de cetim vermelho com 3,5 cm de largura
espaçador de marzipã de 5 mm (opcional)
espátula de confeiteiro

DICA
Você vai precisar cobrir o bolo com o marzipã um dia antes de cobri-lo com a pasta americana.

1 Pincele a base rígida com um pouco de geleia e fixe o bolo de cabeça para baixo para ter um topo plano. Polvilhe açúcar de confeiteiro na superfície de trabalho e amasse o marzipã até ficar macio, mas tendo o cuidado de não amassá-lo demais. Preencha qualquer falha ao redor da base do bolo com um pouco de marzipã. Seguindo as instruções da p. 153, cubra o bolo com o marzipã e, no dia seguinte, cubra com 750 g da pasta americana branca depois de amassá-la. Deixe o bolo já coberto com a pasta americana secando de um dia para o outro, descoberto, em local fresco e seco.

2 Polvilhe açúcar de confeiteiro na superfície de trabalho e amasse a pasta de modelar vermelha até ficar maleável. Abra a pasta até que fique com 5 mm de espessura, usando o espaçador, se preferir. Coloque os moldes do trenó sobre a massa aberta e corte as peças com a faca. Você vai precisar de uma parte da frente, uma parte de trás e duas laterais. Alise as bordas de cada parte com as mãos. Use a espátula de confeiteiro e transfira as partes para a bandeja, tendo o cuidado de não esticar nem puxar a pasta.

3 Para fazer os esquis do trenó, polvilhe açúcar de confeiteiro na superfície de trabalho e amasse o restante da pasta americana branca até ficar maleável. Divida a pasta em duas bolas e faça com cada uma um cordão de aproximadamente 13 cm de comprimento. Achate levemente os cordões e curve as pontas de cada um sobre ele mesmo (veja a foto). Para fazer os presentes, amasse todas as pastas coloridas até ficarem maleáveis. Modele as pastas em 10 diferentes formatos, como cubos e esferas. Transfira os esquis e os presentes para a bandeja. Deixe todas as peças secando de um dia para o outro, descobertas, em local fresco e seco.

4 Quando a pasta americana estiver firme e as decorações estiverem secas, coloque o glacê real branco no saco de confeitar. Aplique os detalhes dos laços sobre cada presente. Inclua uma linha curva acompanhando a parte de cima das laterais do trenó (veja a foto). (Veja dicas de confeitaria nas pp. 157-9.) Deixe o glacê secar por 10-15 minutos. Enquanto isso, passe a fita ao redor da base do bolo, prendendo a junção na parte de trás com um pouco de glacê e cortando o excesso, conforme necessário. Aplique pequenos pontos de glacê real logo acima da fita, dando um espaçamento uniforme (veja a foto).

5 Para montar o trenó, aplique uma linha de glacê nas bordas laterais da parte da frente e na de trás do trenó. Em seguida, pressione as laterais na posição. Segure o trenó no lugar por alguns segundos enquanto o glacê fica firme. Depois apoie as laterais com copos e deixe secar por pelo menos 1 hora, descoberto, em local fresco e seco. Quando o trenó estiver firme, coloque-o cuidadosamente no centro do bolo, usando um pouco de glacê para fixar. Prenda os esquis no bolo ao lado do trenó, coloque os presentes dentro, prendendo cada um com um pouco de glacê, e deixe o bolo firmar, descoberto, em local fresco e seco, antes de servir.

Bolo de frutas

INGREDIENTES
tâmaras
ameixas secas
damascos secos
uvas-passas brancas
uvas-passas escuras
groselhas
cerejas cristalizadas
raspas de laranja
raspas de limão
suco de laranja
suco de limão
conhaque
manteiga com sal
açúcar mascavo
melado
ovos
farinha de trigo
fermento em pó
canela em pó
gengibre em pó
noz-moscada em pó
especiarias em pó
gengibre em conserva picado
extrato de baunilha

VOCÊ VAI PRECISAR DE
fôrma de bolo forrada com papel-manteiga (veja dicas sobre como forrar uma fôrma na p. 149)

DICA
O bolo pode ser guardado por 6 semanas para curtir. Embrulhe em uma camada dupla de papel-manteiga e, depois, em uma camada de papel-alumínio. Guarde em temperatura ambiente, em local fresco e seco.

O quadro ao lado apresenta a quantidade de ingredientes e o tempo de forno necessários para diferentes tamanhos e estilos de bolo. Também oferece sugestões sobre o número de porções. Localize o tamanho e o estilo desejados e siga as orientações abaixo.

1 Corte as tâmaras, as ameixas e os damascos em três pedaços cada e coloque em uma vasilha grande. Adicione as uvas-passas brancas e escuras, as groselhas, as cerejas, as raspas de laranja e de limão, os sucos de frutas e o conhaque e misture bem. Deixe a mistura macerar em temperatura ambiente, coberta, por 6 horas ou de um dia para o outro.

2 Após o tempo de maceração, preaqueça o forno a 140°C. Coloque a manteiga e o açúcar em fogo baixo, mexendo sempre, até derreter o açúcar. Despeje a mistura em uma vasilha grande, adicione o melado e os ovos e misture bem. Peneire a farinha, o fermento e as especiarias e incorpore-os à mistura. Adicione as frutas maceradas e seu suco, junte o gengibre em conserva e o extrato de baunilha e mexa até obter uma mistura homogênea.

3 Coloque a massa na fôrma e nivele a superfície. Asse pelo tempo recomendado ou até um palito inserido no centro sair limpo. Como a temperatura dos fornos varia, verifique o bolo 5 minutos antes do final do tempo recomendado para assá-lo.

4 Retire do forno e deixe na fôrma até esfriar completamente. (Veja dicas de como cobrir o bolo com marzipã e pasta americana na p. 153.)

Use o bolo de frutas nas seguintes receitas do livro:

Bolo trenó do Papai Noel
pp. 106-7

Bolo hortênsia
pp. 130-1

	Fôrma redonda ou quadrada de 10 cm	Fôrma redonda ou quadrada de 13 cm	Fôrma redonda ou quadrada de 15 cm	Fôrma redonda ou quadrada de 18 cm	Fôrma redonda ou quadrada ou de coração de 20 cm	Fôrma redonda ou quadrada de 23 cm
Tâmaras	20 g	30 g/quase ¼ de xícara (chá)	45 g/¼ de xícara (chá)	70 g/⅓ de xícara (chá)	90 g/quase ½ xícara (chá)	120 g/⅔ de xícara (chá)
Ameixas secas	20 g	30 g	45 g/¼ de xícara (chá)	70 g/quase ⅓ de xícara (chá)	90 g/⅓ de xícara (chá)	120 g/½ xícara (chá)
Damascos secos	20 g	30 g/quase ¼ de xícara (chá)	45 g/¼ de xícara (chá)	70 g/⅓ de xícara (chá) rasa	90 g/½ xícara (chá)	120 g/⅔ de xícara (chá)
Uvas-passas brancas	60 g/½ xícara (chá)	80 g/⅔ xícara (chá)	115 g/1 xícara (chá)	180 g/1½ xícara (chá)	230 g/2 xícaras (chá)	300 g/2½ xícaras (chá)
Uvas-passas escuras	60 g/½ xícara (chá)	80 g/⅔ xícara (chá)	115 g/1 xícara (chá)	180 g/1½ xícara (chá)	230 g/2 xícaras (chá)	300 g/2½ xícaras (chá)
Groselhas	75 g/½ xícara (chá)	100 g/⅔ de xícara (chá)	150 g/1 xícara (chá)	225 g/1½ xícara (chá)	300 g/2 xícaras (chá)	400 g/2⅔ xícaras (chá)
Cerejas cristalizadas	50 g	70 g	100 g	150 g	200 g	265 g
Raspas de laranja	½ laranja	1 laranja	1 laranja	1½ laranja	2 laranjas	2½ laranjas
Raspas de limão	½ limão	1 limão	1 limão	1½ limão	2 limões	2½ limões
Suco de laranja	1 colher (sopa)	1 colher (sopa)	1 colher (sopa)	2 colheres (sopa)	2 colheres (sopa)	2-3 colheres (sopa)
Suco de limão	1 colher (sopa)	1 colher (sopa)	2 colheres (sopa)	2 colheres (sopa)	2 colheres (sopa)	2-3 colheres (sopa)
Conhaque	3 colheres (sopa)	70 ml/pouco mais de ¼ de xícara (chá)	100 ml/pouco mais de ⅓ de xícara (chá)	150 ml/quase ⅔ de xícara (chá)	200 ml/quase 1 xícara (chá)	265 ml/pouco mais de 1 xícara (chá)
Manteiga com sal	60 g	80 g	125 g	190 g	250 g	330 g
Açúcar mascavo	65 g/⅓ de xícara (chá)	90 g/quase ½ xícara (chá)	130 g/⅔ de xícara (chá)	195 g/1 xícara (chá)	260 g/1⅓ xícara (chá)	350 g/quase 2 xícaras (chá)
Melado	1½ colher (chá)	1½ colher (chá)	1 colher (sopa)	1 colher (sopa)	1 colher (sopa)	2 colheres (sopa)
Ovos	2 médios	2 médios	3 médios	4 médios	5 grandes	7 médios
Farinha de trigo	60 g/½ xícara (chá)	80 g/quase ⅔ de xícara (chá)	120 g/quase 1 xícara (chá)	180 g/1½ xícara (chá)	240 g/quase 2 xícaras (chá)	320 g/2½ xícaras (chá)
Fermento em pó	¼ de colher (chá)	¼ de colher (chá)	¼ de colher (chá)	½ colher (chá)	½ colher (chá)	¾ de colher (chá)
Canela em pó	¼ de colher (chá)	¼ de colher (chá)	¾ de colher (chá)	1¼ colher (chá)	1½ colher (chá)	2 colheres (chá)
Gengibre em pó	¼ de colher (chá)	¼ de colher (chá)	¾ de colher (chá)	1¼ colher (chá)	1½ colher (chá)	2 colheres (chá)
Noz-moscada em pó	¼ de colher (chá)	¼ de colher (chá)	¾ de colher (chá)	1¼ colher (chá)	1½ colher (chá)	2 colheres (chá)
Especiarias em pó	¼ de colher (chá)	¼ de colher (chá)	¾ de colher (chá)	1¼ colher (chá)	1½ colher (chá)	2 colheres (chá)
Gengibre em conserva picado	10 g	15 g	20 g	30 g	40 g	50 g/quase ¼ de xícara (chá)
Extrato de baunilha	¼ de colher (chá)	¼ de colher (chá)	¼ de colher (chá)	½ colher (chá)	½ colher (chá)	¾ de colher (chá)
Tempo de forno	1h15	1h30	2h	2h15	2h30	2h45
Rende	10 fatias	12 fatias	15-20 fatias	20-30 fatias	30-40 fatias	40-50 fatias

Cupcake do chá de bebê

RENDE 6 CUPCAKES

açúcar de confeiteiro, para polvilhar
150 g de Pasta de modelar tingida de azul (pp. 160-1)
60 g de Pasta americana tingida da cor creme (pp. 160-1)
10 g de Pasta americana tingida de preto (pp. 160-1)
150 g de Pasta de modelar tingida de rosa (pp. 160-1)
cola comestível ou água fervida fria
2 fios de espaguete cortados em 3 partes (opcional)
½ receita de Cobertura básica de baunilha (p. 118)
6 cupcakes no sabor de sua preferência (p. 129)

VOCÊ VAI PRECISAR DE

pincel pequeno
boleador de duas bolas
carretilha com rodinha picotada
faca afiada
saco de confeitar com bico pitanga fechada de 20 mm
6 wrappers para cupcakes

DICA

Você deve fazer os ursos e os coelhos um dia antes de usá-los.

1 Esta receita rende 6 cupcakes, mas, se quiser fazer apenas um, decida se quer um urso ou um coelho e reduza os ingredientes proporcionalmente.

2 Para fazer o ursinho, polvilhe açúcar de confeiteiro na superfície de trabalho e amasse todas as pastas de modelar e americana até que fiquem maleáveis. Guarde em um recipiente hermético até a hora de usar, evitando assim que ressequem ou quebrem. Para fazer o corpo do ursinho, use 20 g da pasta de modelar azul e modele no formato de uma gota. Para compor os braços e pernas, pegue 10 g da pasta de modelar azul e faça 4 cordões com cerca de 4 cm cada afinados em uma das pontas. Achate levemente as pontas mais grossas para fazer as patas. Para criar as almofadinhas das patas, faça 4 bolinhas com a pasta creme e cole uma em cada pata, achatando-a levemente enquanto cola. Use a foto como guia e fixe as pernas e os braços no corpo com a cola.

3 Para compor a cabeça, faça uma bolinha com 10 g de pasta de modelar azul. Para as orelhas, faça duas bolinhas menores e marque o meio de cada uma com a bolinha menor do boleador. Enquanto a pasta ainda está macia, use a carretilha para criar as linhas de pontos no corpo, cabeça, braços e pernas do ursinho. Cole a cabeça no corpo. Você pode introduzir um pedaço pequeno de espaguete no corpo do ursinho para sustentar e manter a cabeça no lugar.

4 Para o focinho, faça uma bolinha com pasta americana creme e achate dando um formato ovalado. Cole as orelhas e o focinho. Para o nariz, faça uma bolinha de pasta de modelar azul. Prenda-o ao focinho com cola, dando uma pequena achatada. Use a faca para marcar uma linha que desce pelo focinho desde o nariz (veja a foto). Para criar os olhos, faça duas bolinhas bem pequenas de pasta preta e cole. Repita os passos 2-4 para fazer três ursinhos.

5 Para o coelhinho, repita os passos 2-4 usando a pasta de modelar rosa em vez da azul. Para obter as orelhas do coelhinho, faça duas bolinhas de pasta rosa e duas bem pequenas de pasta creme. Modele todas no formato de gota. Cole as gotas de cor creme no meio das orelhas rosa. Use a cola para fixar as orelhas na cabeça. Repita a operação para fazer três coelhos no total.

6 Deixe os ursinhos e os coelhinhos secando de um dia para o outro, descobertos, em local fresco e seco. Quando todos estiverem secos, coloque a cobertura de baunilha no saco de confeitar e aplique uma volta alta de glacê em cada cupcake. (Veja dicas de como confeitar na p. 157.) Coloque cada cupcake em um wrapper e prenda um ursinho ou um coelhinho em cima de cada um, fazendo uma leve pressão sobre o glacê.

CAPÍTULO 4

Com um pouco de tempo e paciência, é fácil fazer uma série de guloseimas deliciosas. Adicione o fator surpresa a qualquer festa com um Bolo caixa de presente. Os Docinhos com borboletas serão o assunto do café com os amigos e seus familiares ficarão tão enlouquecidos quanto o Chapeleiro Maluco quando virem o Bolo bule de chá. Tudo parece bom demais para comer, mas, acredite, ninguém vai deixar de provar.

DECORAR PARA IMPRESSIONAR

Bolo de casamento marfim com flores

RENDE 1 BOLO

2 Bolos básicos redondos de chocolate de 10 cm (pp. 62-3)
1 Bolo delicioso de chocolate de 15 cm (pp . 56-7)
2 Bolos básicos redondos de chocolate de 20 cm (pp. 62-3)
2 receitas de Ganache de chocolate (p. 16)
2 kg de Pasta americana tingida de marfim (pp. 160-1)
200 g de Pasta de modelar marfim (pp. 160-1)
50 g de Glacê real com picos firmes tingido de marfim (p. 46)

VOCÊ VAI PRECISAR DE

base rígida de bolo redondo de 10 cm
base rígida de bolo redondo de 15 cm
base rígida de bolo redondo de 20 cm
rolo de macarrão pequeno
moldes de flores pequeno e grande (p. 165)
faca afiada
almofada de espuma ou pano de prato limpo, seco e dobrado
boleador de duas bolas
almofada de espuma com relevo ou um pedaço de papel-alumínio amassado
pincel pequeno
saco de confeitar com bico perlê nº 2
varetas de plástico
1,5 m de fita de cetim cor creme com 15 mm de largura
moldes de folhas pequeno e grande (p. 165)
cola comestível

DICA

Você precisa fazer as flores pelo menos um dia antes de usá-las. (Veja dicas de como fazer flores na p. 53.)

1 Seguindo as instruções da p. 150, arrume os bolos de 10 cm e os de 20 cm em camadas sobre as bases rígidas, recheando com a ganache para obter dois bolos altos. Seguindo as instruções da p. 152, cubra cada andar do bolo com o restante da ganache. Leve à geladeira e deixe por pelo menos 2 horas. Quando a ganache estiver firme, polvilhe açúcar de confeiteiro na superfície de trabalho e amasse 850 g de pasta americana marfim até ficar maleável. Seguindo as instruções da p. 153, abra a pasta americana e cubra o bolo e a base rígida de 20 cm. Repita conforme descrito acima, usando 625 g de pasta americana para cobrir o bolo e a base de 15 cm e 425 g para cobrir o bolo e a base de 10 cm.

2 Para fazer uma flor, polvilhe açúcar de confeiteiro na superfície de trabalho e amasse 30 g de pasta de modelar marfim até ficar maleável. Para o centro, faça uma bolinha de pasta de modelar. Abra o restante da pasta em uma camada fina. Posicione os moldes das flores sobre a pasta e corte ao redor com a faca. Você vai precisar recortar 1 molde da flor pequena e 2 da flor grande. Coloque-as sobre a almofada de espuma e role o boleador sobre cada pétala para dar movimento às bordas. Disponha uma das flores grandes sobre a almofada de espuma com relevo. Passe um pouco de cola no centro da flor maior e fixe a outra flor grande por cima. Cole a bolinha no centro da flor menor, dobrando as pétalas ao redor da bolinha e fixe no centro. Para conseguir um efeito de botão fechado, prenda as pétalas na bolinha com cola comestível. Se quiser um efeito de botão aberto, dobre as pétalas ao redor da bolinha, fixando-as na base. Faça uma flor por vez. Repita a operação com 120 g de pasta de modelar de modo a obter quatro flores ao total. Deixe os bolos e as flores secarem de um dia para o outro, descobertos, em local fresco e seco.

3 Quando a pasta estiver firme e as flores, secas, coloque o glacê real no saco de confeitar. Seguindo as instruções da p. 156, prenda os bolos um sobre o outro com as varetas plásticas. Passe a fita ao redor de cada andar, prendendo a junção na parte de trás com glacê e cortando o excesso. Posicione as flores sobre os andares do bolo e use o glacê real para fixá-las. Polvilhe açúcar de confeiteiro na superfície de trabalho e amasse o restante da pasta de modelar marfim até ficar maleável. Avalie quantas pétalas a mais ainda são necessárias para preencher os espaços entre as flores e o bolo. Seguindo o molde de flor grande, corte tantas vezes quantas forem necessárias e, em seguida, talhe cada flor em cinco pétalas. Dê movimento às bordas das pétalas, como indicado acima. Enquanto as pétalas ainda estiverem macias, fixe-as no bolo por trás das flores. Use o glacê real para fixá-las. Começando das flores, aplique quatro linhas curvas sobre o bolo. Faça uma bola com as sobras da pasta de modelar e abra-a novamente em uma camada fina. Corte 8 folhas pequenas e 8 grandes, usando os moldes. Dê movimento às folhas. Aperte a base de cada uma para fazer uma dobra. Prenda as folhas ao bolo seguindo as linhas curvas e fixando cada uma com glacê. Deixe o bolo secar de um dia para o outro, descoberto, em local fresco e seco.

Docinhos com borboletas

RENDE 16 DOCINHOS

1 Bolo básico de baunilha, quadrado, com 18 cm (pp. 62-3)
1 receita de Calda de açúcar com baunilha (p. 119)
½ receita de Glacê de manteiga com baunilha (p. 16)
2 colheres (sopa) de geleia de framboesa sem sementes
açúcar de confeiteiro, para polvilhar
2 colheres (sopa) de geleia de damasco fervida e peneirada
175 g de marzipã
600 g/4¾ xícaras (chá) de fondant
corante alimentício amarelo em pasta
corante alimentício azul--turquesa em pasta
corante alimentício verde em pasta
corante alimentício lilás em pasta
50 g de Glacê real com picos firmes branco (p. 46)

VOCÊ VAI PRECISAR DE

16 forminhas de cupcakes de papel-alumínio
moldes de borboleta (p. 168)
folha de papel A4
bandeja
papel-manteiga
saco de confeitar com bico perlê nº 2
4 folhas de cartolina A4
espátula de confeiteiro pequena

1 Seguindo os passos 1-4 da p. 18, prepare 16 docinhos sem a cobertura. Acompanhe as instruções da p. 151 e cubra um quarto dos docinhos com cobertura fondant de cada cor: amarelo-clara, azul-turquesa, verde e lilás (não disponível na imagem) e, em seguida, acomode nas forminhas de papel-alumínio. Faça uma porção de cobertura por vez, conforme as instruções da embalagem.

2 Copie 16 pares de asas de borboleta sobre a folha de papel. Coloque a folha de papel sobre a bandeja e uma folha de papel-manteiga sobre ela – se quiser prevenir eventuais erros, desenhe cerca de 20 pares de asas sobre o papel. Use fita colante ou copos para manter o papel-manteiga no lugar – a aplicação de glacê pode borrar se o papel-manteiga se mover. Coloque o glacê real no saco de confeitar. Aplique o contorno de uma asa por vez e, em seguida, aplique um desenho "rendado" para preencher completamente a asa **(a)**. (Veja dicas de confeitaria nas pp. 157-9.) Repita a operação até ter pelo menos 32 asas no total. Deixe-as secar de um dia para o outro, descobertas, em local fresco e seco. Feche o saco de confeitar e guarde em um recipiente fechado até a hora de usar novamente.

3 Quando as asas estiverem secas, dobre cada folha de cartolina no comprimento, fazendo três pregas sanfonadas. Assim, você terá quatro "calhas" em "V" – isso vai ajudar a montar as borboletas e permitir que as asas sequem formando um ângulo. Corte quatro tiras de papel-manteiga de aproximadamente 60 cm x 10 cm. Dobre-as ao meio no comprimento e use-as para forrar o centro das "calhas". Para montar uma borboleta, aplique uma linha de glacê de 3 cm no fundo de uma "calha". Com cuidado, remova com a espátula um par de asas do papel-manteiga e prenda-as no glacê **(b)**. Começando pela cauda da borboleta, aplique uma segunda linha de glacê no centro para fazer o corpo e termine com um ponto grande na ponta, para fazer a cabeça **(c)**. Repita a operação com os outros conjuntos de asas de modo a obter 16 borboletas no total. Deixe-as secando nas "calhas" por pelo menos 2 horas. Feche o saco de confeitar e guarde em um recipiente hermético. Quando as borboletas estiverem firmes e completamente secas, fixe-as sobre os docinhos, prendendo cada uma com um pouco de glacê real. Deixe os docinhos descobertos, em local fresco e seco, por pelo menos 10-15 minutos, para firmar a cobertura.

(a)

(b)

(c)

Cobertura básica

RENDE 350 G
250 g/2 xícaras (chá) de açúcar de confeiteiro
100 g de manteiga com sal em temperatura ambiente
1 colher (sopa) de leite
corantes alimentícios em pasta (opcional)

VOCÊ VAI PRECISAR DE
batedeira

DICA
Devido à alta quantidade de açúcar de confeiteiro em relação à de manteiga, os cupcakes decorados com essa cobertura não precisam ser guardados na geladeira.

Glacês para cobertura são aplicados sobre cupcakes em espirais decorativas para aumentar o apelo visual e o do sabor. Eles têm uma proporção mais alta de açúcar em relação à manteiga do que o glacê de manteiga, e, por isso, as espirais "secam" por fora, mas se mantêm macias por dentro. O glacê básico e o glacê com baunilha podem ser coloridos com corantes em pasta. Para colorir, adicione uma pequena quantidade de corante alimentício em pasta à mistura usando a ponta de um palito e mexa até ficar homogêneo. Repita até que a cor desejada seja atingida. (Veja dicas sobre como aplicar espirais com o glacê na p. 157.)

Para o glacê básico, peneire o açúcar de confeiteiro em uma vasilha. Adicione a manteiga e bata com a batedeira até obter uma mistura homogênea. Com a batedeira ligada, vá adicionando o leite aos poucos. Quando ele estiver incorporado, aumente a velocidade da batedeira e bata por 5 minutos até ficar leve e fofo.

Variações

Cobertura de chocolate: use 300 g/2½ xícaras de açúcar de confeiteiro e 50 g/quase ½ xícara de cacau em pó peneirado e bata com a manteiga como indicado acima. Use 3 colheres (sopa) de leite e adicione à mistura como indicado anteriormente.
Cobertura cítrica: bata as raspas de 1 limão pequeno ou de 1 laranja pequena com o açúcar de confeiteiro e a manteiga.
Cobertura de café: bata ½ colher (chá) de essência de café com o açúcar de confeiteiro e a manteiga.
Cobertura de baunilha: bata ½ colher (chá) de extrato de baunilha com o açúcar de confeiteiro e a manteiga.

RENDE 480 G
300 g/2½ xícaras (chá) de açúcar de confeiteiro
50 g de manteiga com sal em temperatura ambiente
130 g de cream cheese

VOCÊ VAI PRECISAR DE
batedeira

COBERTURA DE CREAM CHEESE

Peneire o açúcar de confeiteiro sobre a manteiga e bata na batedeira até ficar homogêneo. Adicione o cream cheese, aumente a velocidade para média e bata por 5 minutos até ficar leve e fofo. Não bata demais, para o glacê não ficar mole.

Use a cobertura básica nas seguintes receitas do livro:

Minicupcakes com enfeites de chocolate
pp. 14-5

Cupcakes de chocolate com rosas
pp. 22-3

Cupcake buquê de rosas
pp. 66-7

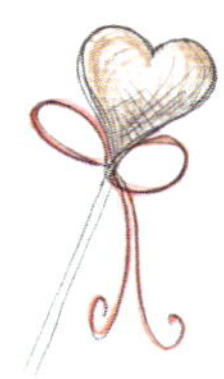

Cake pop coração coberto de chocolate
pp. 68-9

Cupcake do chá de bebê
pp. 110-1

Cake pop florido
pp. 132-3

Calda de açúcar

Pincelar bolos com um pouco de calda de açúcar vai mantê-los úmidos e também dar a eles um sabor extra. Não coloque muita calda, pois o bolo pode ficar muito doce. Use em qualquer uma das receitas listadas abaixo. Para manter seus bolos e cupcakes gostosos, passe um pouco de calda de açúcar em qualquer um que esteja planejando cobrir e decorar em um intervalo de 3 a 4 dias.

RENDE 1 RECEITA
100 g de açúcar

1 Coloque 100 ml/quase ½ xícara (chá) de água e o açúcar em uma panela e deixe ferver sem mexer. Espere esfriar um pouco e, então, adicione o sabor, se necessário (veja abaixo). As sobras de calda podem ser guardadas na geladeira, em um recipiente fechado, por 2 semanas.

Sabores

Cítrico: troque a água por 100 ml/quase ½ xícara (chá) de suco de laranja ou suco de limão feito na hora.
Café: adicione 1 colher (sopa) de essência de café à água.
Licor de café: adicione à água 1 colher (sopa) de essência de café e outra de licor.
Licor de limão: substitua a água por 100 ml/quase ½ xícara (chá) de suco de limão feito na hora e adicione 1 colher (sopa) de licor de limão.
Baunilha: adicione 1½ colher (chá) de extrato de baunilha à água.

Use a calda de açúcar nas seguintes receitas do livro:

Fondant fancies com flores frescas
pp. 18-9

Bolinhos minifantasmas
pp. 90-1

Bolas festivas decoradas
pp. 92-5

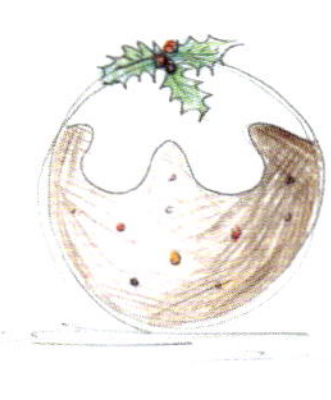

Bolo de Natal
pp. 96-7

Docinhos com borboletas
pp. 116-7

Bolo bule de chá
pp. 122-5

Minibolo magnífico

RENDE 4 MINIBOLOS
açúcar de confeiteiro, para polvilhar
600 g de Pasta americana branca (pp. 160-1)
4 minibolos redondos feitos com a receita de Bolo básico ou Bolo mármore (p. 128)
120 g de Pasta para flor branca (pp. 160-1)
50 g de Glacê real com picos suaves branco (p. 46)
50 g de Glacê real com picos suaves tingido de verde-claro (p. 46)

VOCÊ VAI PRECISAR DE
rolo de macarrão pequeno
espaçador de marzipã de 5 mm (opcional)
faca afiada
alisador de pasta
papel-manteiga
molde de desenho com curvas (p. 169)
alfinetes
scriber
2 sacos de confeitar com bico perlê nº 2

DICA
Sempre deixe os bolos que foram cobertos com pasta americana secando de um dia para o outro antes de começar a marcá-los. Isso reduz as chances de que você venha a marcar acidentalmente a pasta americana quando for decorá-los.

1 Polvilhe açúcar de confeiteiro na superfície de trabalho e amasse a pasta americana branca, deixando-a maleável. Abra a pasta até ficar com 5 mm de espessura, usando o espaçador, se preferir. Corte quatro quadrados de 13 cm x 13 cm. Seguindo as instruções da p. 153, use um quadrado de pasta para cobrir cada bolo.

2 Amasse 30 g da pasta para flor até ficar maleável. Seguindo as instruções da p. 126, faça uma rosa pequena. Repita com a pasta americana restante até obter quatro rosas pequenas. Deixe os bolos e as rosas secando descobertos, de um dia para o outro, em local fresco e seco.

3 Quando as pastas americana e de modelar estiverem secas, copie os desenhos com curvas sobre o papel-manteiga quatro vezes e recorte bem junto do contorno para obter quatro moldes de marcação. Corte quatro círculos de papel-manteiga um pouco maiores do que a base de cada bolo. Coloque os bolos sobre os círculos de papel-manteiga, assim fica mais fácil virar os bolos quando estiver decorando.

4 Usando a foto como guia, posicione um dos moldes de marcação sobre o bolo. Prenda o molde sobre o bolo usando dois alfinetes, um em cada ponta do desenho. Se o molde se mover enquanto a marcação estiver sendo feita, o desenho de curvas pode borrar e será difícil aplicar o glacê por cima. Marque o contorno do desenho sobre o bolo com o scriber. (Veja dicas de como usar o scriber na p. 83.) Faça a marcação de mais três desenhos na lateral do bolo, espaçando os desenhos por igual. Repita a operação com os outros três bolos, usando um novo molde para cada um.

5 Coloque os glacês real branco e verde-claro nos sacos de confeitar. Usando as marcações feitas com o scriber como guia, aplique uma linha de glacê branco do topo do bolo até o centro do desenho. Depois, adicione os detalhes do desenho. Repita a operação até fazer todos os desenhos.

6 Aplique quatro linhas verticais de glacê real branco, espaçando por igual entre os desenhos com curvas, começando no topo do bolo e terminando em um ponto pequeno de glacê na base. Repita com o glacê real verde-claro, aplicando duas linhas verticais, uma de cada lado das linhas brancas. Aplique um ponto de glacê verde no centro de cada desenho de curvas. Deixe os bolos descobertos por 1 hora, em local fresco e seco, para o glacê secar. Feche os sacos de confeitar e guarde em um recipiente hermético.

7 Quando o glacê secar, prenda uma rosa de pasta em cima de cada bolo, fixando no lugar com um ponto de glacê real branco.

Bolo bule de chá

RENDE 1 BOLO

2 metades de bola de 15 cm de Bolo básico mocha (pp. 62-3)
1 receita de Glacê de manteiga com baunilha (p. 16)
1 receita de Calda de açúcar (p. 119)
açúcar de confeiteiro, para polvilhar
325 g de Pasta de modelar branca ou tingida de marfim (pp. 160-1)
1,3 kg de Pasta americana branca ou tingida de marfim (pp. 160-1)
20 g de Pasta americana tingida de azul-escuro (pp. 160-1)
Glacê real com picos suaves branco (p. 46)
1 colher (sopa) de manteiga de cacau
corantes alimentícios em pó nas cores azul-escuro, azul-claro, branco e verde

VOCÊ VAI PRECISAR DE

facas serrilhadas
espátula de confeiteiro
rolos de macarrão
espaçador de marzipã de 5 mm (opcional)
régua
faca afiada
bandeja forrada com papel-manteiga
boleador de duas bolas
vareta pequena
lenço de papel
bola de poliestireno (isopor) de 8 cm de diâmetro ou bola de tênis
alisador de pasta
base rígida para bolo redondo de 15 cm
50 cm de fita marfim com 8 mm de largura
saco de confeitar com bico perlê nº 2
vários pincéis

1 Nivele o lado plano das metades da bola de bolo, usando a faca serrilhada, para ter certeza de que vão resultar em um formato uniforme quando forem unidas. Pegue uma das metades, corte o topo abaulado **(a)** e vire o lado cortado para baixo a fim de criar uma base estável para o bule de chá. Coloque a outra metade de bolo por cima para dar o formato de bola. Corte o topo para criar uma superfície plana – isso formará uma base para a tampa do bule de chá.

2 Corte cada bolo ao meio na horizontal, para criar quatro camadas. Empilhe as camadas e, se necessário, apare as bordas do bolo com uma faca afiada, a fim de igualar a bola e deixar a superfície lisa **(b)**. Seguindo as instruções da p. 92, recheie e cubra o bolo com glacê de manteiga, pincelando calda de açúcar em cima de cada camada. Leve à geladeira e deixe por 2 horas, para firmar.

3 Enquanto isso, polvilhe açúcar de confeiteiro na superfície de trabalho e amasse a pasta de modelar marfim até ficar maleável. Para a base da tampa do bule, abra 150 g da pasta até que fique com 5 mm de espessura usando, se quiser, o espaçador de marzipã. Corte um círculo de cerca de 10 cm de diâmetro e outro de 8 cm. Para fazer a ponteira da tampa, modele 5 g de pasta no formato de uma gota. Coloque as peças da tampa sobre a bandeja.

4 Para compor a alça do bule, faça um cordão de 15 cm de comprimento com a pasta de modelar. Achate o cordão com o rolo de macarrão até ficar com 5 mm de espessura. Enrole as pontas das alças de modo a obter um bom acabamento. Coloque a alça de lado sobre a bandeja e modele uma curva no formato desejado (veja a foto na p. 125).

5 Para o bico, use 50 g de pasta de modelar e faça um cordão de cerca de 10 cm de comprimento afinado na ponta. Achate a ponta mais grossa para fazer a base do bico e marque um buraco na outra ponta com a bola maior do boleador para fazer a ponta do bico. Curve a pasta no formato de

(a)

(b)

um bico de bule. Faça um pequeno furo na base do bico com a vareta – isso vai ajudar a fixar o bico no bolo **(j)**. Retire a vareta e reserve pelo tempo que for necessário. Coloque sobre a bandeja e use um pouco de lenço de papel amassado para mantê-lo na posição enquanto seca.

6 Para fazer o abaulado da tampa, abra o restante da pasta de modelar marfim até que fique com 5 mm de espessura, usando o espaçador de marzipã, se preferir. Corte um círculo de 11 cm de diâmetro. Cubra a bola de isopor com filme de PVC e arrume a pasta por cima alisando com as mãos **(c)** – isso vai dar o formato côncavo quando secar **(d)**. Ponha a bola de isopor em cima de um copo para manter a pasta na posição enquanto seca. Deixe todas as peças do bule secando de um dia para o outro, descobertas, em local fresco e seco.

7 Quando o glacê de manteiga estiver firme, retire o bolo da geladeira. Polvilhe açúcar de confeiteiro na superfície de trabalho e amasse 1 kg da pasta americana marfim para deixá-la maleável. Abra a massa até ficar com 5 mm de espessura, usando o espaçador de marzipã, se preferir. Levante a pasta aberta e coloque com cuidado sobre o bolo, sem puxar nem esticar. Use as mãos para alisar em cima e nas laterais do bolo. Corte os excessos de pasta na base do bolo, deixando 2 cm de borda. Empurre delicadamente essa borda para baixo do bolo. Alise a pasta novamente com o alisador. Decida qual lado do bolo será a frente e concentre-se em alisar esse lado o máximo possível. Esconda qualquer marca na pasta na parte de trás do bolo. Deixe firmar de um dia para o outro, descoberto, em local fresco e seco.

8 Polvilhe açúcar de confeiteiro na superfície de trabalho e amasse o restante da pasta americana marfim até ficar maleável. Seguindo as instruções da p. 154, cubra a base rígida com a pasta americana e passe a fita em volta da borda, cortando conforme for necessário. Deixe a base coberta firmar de um dia para o outro, descoberta, em local fresco e seco.

(c)

(d)

9 No dia seguinte, coloque o glacê real no saco de confeitar. Para montar a tampa, fixe a base redonda menor sobre o centro da maior **(e)** usando o glacê real. (Veja dicas sobre como confeitar nas pp. 157-9.) Vire a base de cabeça para baixo e prenda a peça abaulada sobre o centro da base maior com o glacê **(f)**. Polvilhe açúcar de confeiteiro na superfície de trabalho e amasse a pasta americana azul-escura até ficar maleável. Faça um cordão fino de cerca de 10 cm de comprimento e prenda ao redor da base da parte abaulada **(g)** com um pouco de glacê. Corte, se necessário. Prenda a gota com o glacê no centro da parte abaulada. Deixe a tampa firmar um pouco.

10 Ponha a manteiga de cacau em um prato em cima de uma vasilha com água fervente. Coloque uma pequena quantidade de cada corante ao redor do prato e misture com a manteiga de cacau para preparar uma paleta de pintura. Use a foto como referência e pinte um padrão floral sobre o bolo **(h)**. Deixe secar por 20 minutos.

11 Prenda a alça com o glacê real no bolo. Segure no lugar por alguns segundos enquanto o glacê firma **(i)**. Coloque a vareta na base do bico. Posicione o bico em frente ao bolo e empurre a vareta para dentro do bolo, fazendo um pequeno ângulo **(j)**. Prenda o bico no lugar com o glacê. Use lenços de papel amassados para sustentar a alça e o bico enquanto secam. Fixe a tampa no topo do bolo com o glacê. Deixe secar completamente antes de servir.

(e)

(f)

(g)

(h)

(i)

(j)

Cupcakes com rosas

RENDE 6 CUPCAKES
açúcar de confeiteiro, para polvilhar
330 g de Pasta para flor branca
cola comestível ou água fervida fria
6 cupcakes de baunilha ou cítrico (p. 129)
¼ de receita de Glacê de manteiga com baunilha (p. 16)

VOCÊ VAI PRECISAR DE
rolo de macarrão pequeno
moldes de pétalas de rosa pequeno, médio e grande (p. 168) ou cortadores de pétala de 2,5 cm, 3,5 cm e 4 cm
faca afiada
almofada de espuma ou pano de cozinha limpo, seco e dobrado
boleador de duas bolas
pincel pequeno
palito
corante alimentício cor-de-rosa em pó

DICAS
Você pode fazer rosas pequenas ou grandes para decorar seus cupcakes, ou uma mistura das duas. Procure não achatar o formato curvo das pétalas médias e grandes quando for fixá-las nas rosas.
Se necessário, apoie as pétalas externas das rosas grandes com lenços de papel amassados ou papel-alumínio amassado enquanto secam.

Use sempre pó seco quando for colorir flores delicadas.

1 Polvilhe açúcar de confeiteiro na superfície de trabalho e amasse 30 g de pasta para flor até ficar maleável. Modele 5 g dessa pasta no formato de um cone. Repita até obter seis cones. Deixe os cones secarem de um dia para o outro, descobertos, em local fresco e seco. Quando estiverem secos, polvilhe açúcar de confeiteiro na superfície de trabalho e amasse 50 g de pasta para flor até ficar maleável. Abra a pasta em uma camada fina. Coloque o molde de pétala de rosa pequena sobre a pasta e corte seis pétalas. Coloque-as sobre a almofada de espuma e role delicadamente a bolinha maior do boleador sobre cada pétala para dar movimento. Passe cola comestível nas costas da primeira pétala e enrole-a ao redor de um cone para fazer um botão fechado **(a)**.

2 Pincele a metade de baixo da segunda pétala com cola. Prenda um lado no botão e deixe o outro solto e levemente pendurado. Passe a cola na metade de baixo da terceira pétala. Delicadamente, enfie um lado da terceira pétala sob a segunda. Alise a sobreposição com o dedo e deixe o outro lado da terceira pétala solto e levemente pendurado. Repita a operação com as outras três pétalas, prendendo os dois lados da última pétala ao botão.

3 Para fazer uma rosa aberta pequena, abra as sobras da pasta em uma camada fina e corte 9 pétalas com o molde de pétala de rosa média, conforme indicado acima. Coloque as pétalas na almofada de espuma e role a bolinha do boleador delicadamente sobre o centro de cada uma para dar um formato curvo. Depois, curve a parte de cima de cada uma para fora com a ajuda de um palito. Seguindo as instruções do passo 2, prenda as pétalas ao botão **(b)**.

4 Para fazer uma rosa grande aberta, abra as sobras da pasta para flor e corte seis pétalas usando o molde de pétala de rosa grande. Seguindo as instruções do passo 3, prenda as pétalas na rosa pequena.

5 Use o restante da pasta para flor para fazer 6 rosas no total. Deixe as rosas secarem de um dia para o outro, descobertas, em temperatura ambiente. Quando estiverem secas, pincele o centro de cada uma com um pouco de corante. Seguindo as instruções da p. 152, espalhe uma camada fina de glacê de manteiga em cima de cada cupcake e coloque uma rosa sobre cada um.

(a)

(b)

Minibolos

RENDE 4 MINIBOLOS
bolo quadrado de 10 cm preparado com a receita de Bolo delicioso de chocolate, de Bolo básico ou de Bolo mármore (pp. 56-7, 62-3 ou 76-7)
1 receita de Calda de açúcar (p. 119)
½ receita de Glacê de manteiga com baunilha ou Ganache de chocolate (p. 16)

VOCÊ VAI PRECISAR DE
nivelador de bolo ou faca pequena serrilhada
pincel para massa
cortador circular de 5 cm
espátula de confeiteiro pequena
4 bases rígidas para bolo redondo de 5 cm

COMO PREPARAR MINIBOLOS REDONDOS

Leve o bolo à geladeira e deixe por pelo menos 1 hora ou até ficar firme e gelado. Use o nivelador para nivelar o topo do bolo e cortá-lo ao meio. Corte quatro círculos de 5 cm em cada camada para obter oito círculos de massa. Pincele a calda de açúcar por cima de metade dos círculos e, com a espátula, espalhe uma camada fina de glacê de manteiga sobre cada um. Coloque os círculos de massa sobre os que foram cobertos com o glacê para obter quatro minibolos recheados. (Veja dicas de como fazer camadas e rechear bolos na p. 150.) Prenda os minibolos às bases rígidas com um pouco de glacê de manteiga. Seguindo as instruções da p. 152, cubra os bolos com o glacê de manteiga, leve à geladeira e deixe por 2 horas, para firmar. Quando o glacê estiver firme, os bolos estarão prontos para serem cobertos com pasta americana.

RENDE 4 MINIBOLOS
4 metades de bolas de bolo preparadas com a receita de Bolo básico ou de Bolo mármore (pp. 62-3 ou 76-7)
1 receita de Calda de açúcar (p. 119)
½ receita de Glacê de manteiga de baunilha (p. 16)
4 colheres (chá) de geleia de framboesa sem sementes

VOCÊ VAI PRECISAR DE
faca pequena serrilhada
pincel de massa
espátula de confeiteiro pequena
4 bases rígidas para bolo redondo de 8 cm

DICAS
Veja dicas de como assar metades de bolas de bolo na p. 92.

COMO PREPARAR MINICÚPULAS DE BOLO

Nivele o lado plano de uma das metades de bola de bolo com a faca serrilhada e, em seguida, corte o bolo horizontalmente para formar duas camadas. Pincele o topo da camada plana com calda de açúcar e espalhe uma camada fina de glacê de manteiga, seguida de uma camada fina de geleia. Coloque a camada abaulada sobre o recheio para formar cúpulas recheadas. (Veja dicas de como fazer camadas e rechear bolos na p. 150.) Prenda as cúpulas sobre as bases rígidas com um pouco de glacê. Seguindo as instruções da p. 152, cubra os bolos com glacê de manteiga. Leve à geladeira e deixe por 2 horas, para firmar. Quando o glacê de manteiga estiver firme, os bolos estarão prontos para serem cobertos com pasta americana.

Use o minibolo redondo na seguinte receita do livro:

Minibolo magnífico
pp. 120-1

Use a minicúpula de bolo na seguinte receita do livro:

Minicúpulas de aniversário com borboletas
pp. 104-5

Cupcakes

RENDE 6 OU 12 CUPCAKES OU 24 MINICUPCAKES

massa de Bolo delicioso de chocolate, Bolo básico ou Bolo mármore para 6 ou 12 cupcakes ou para 24 minicupcakes (pp. 56-7, 62-3 ou 76-7)

VOCÊ VAI PRECISAR DE

fôrma de cupcakes com 12 espaços ou fôrma para 24 minicupcakes

6 ou 12 forminhas de papel de cupcakes ou 24 miniforminhas de papel de minicupcakes

DICA

Lembre-se de que você também pode fazer o Bolo básico com sabores (pp. 62-3).

1 Preaqueça o forno a 180°C e arrume 6 ou 12 forminhas de papel na fôrma para 12 cupcakes ou 24 miniforminhas de papel na fôrma para 24 minicupcakes. Divida a massa por igual nas forminhas de papel, preenchendo cerca de dois terços de cada uma – isso dá espaço para os cupcakes crescerem.

2 Asse pelo tempo recomendado no quadro, de acordo com a massa escolhida (pp. 56-7, 62-3 ou 76-7), até que o topo dos bolos volte ao lugar quando pressionado levemente com o dedo ou até um palito inserido no centro sair limpo.

3 Retire os bolos do forno e deixe esfriarem por 5 minutos. Desenforme e coloque sobre uma grade de metal para esfriarem por completo. (Veja dicas de como cobrir cupcakes com glacê de manteiga na p. 152. Veja dicas de cobertura de cupcakes com espirais de glacê na p. 157.)

Use os cupcakes nas seguintes receitas do livro:

Minicupcakes com enfeites de chocolate
pp. 14-5

Cupcakes de chocolate com rosas
pp. 22-3

Cupcake buquê de rosas
pp. 66-7

Bolinhos minifantasmas
pp. 90-1

Cupcake do chá de bebê
pp. 110-1

Cupcakes com rosas
pp. 126-7

Bolo hortênsia

RENDE 1 BOLO

50 g de geleia de damasco aquecida
1 Bolo de frutas redondo de 20 cm (pp. 108-9)
açúcar de confeiteiro, para polvilhar
850 g de marzipã
950 g de Pasta americana branca (pp. 160-1)
corante alimentício verde-claro em pó
corante alimentício verde em pó
50 g de Glacê real com picos suaves branco (p. 46)

VOCÊ VAI PRECISAR DE

base rígida para bolo redondo de 20 cm
conjunto de cortador e molde de hortênsia
almofada de espuma com relevo ou um pedaço de papel-alumínio amassado
pincéis pequenos
saco de confeitar com bico perlê nº 1,5
25 cm de fita marfim com 5 cm de largura

DICAS

Você precisa cobrir o bolo com marzipã um dia antes de cobrir com a pasta americana. Cubra o bolo com a pasta americana e faça as hortênsias pelo menos um dia antes de usá-las. Use sempre pó seco quando for colorir flores delicadas.

1 Passe um pouco de geleia sobre a base rígida e fixe o bolo de cabeça para baixo sobre ela, deixando a superfície plana para cima. Polvilhe açúcar de confeiteiro na superfície de trabalho e amasse o marzipã até ficar macio, mas sem amassar demais. Preencha qualquer espaço ao redor da base do bolo com marzipã. Seguindo as instruções da p. 153, cubra o bolo com o marzipã e, no dia seguinte, com 850 g de pasta americana branca. Deixe o bolo coberto com a pasta para secar de um dia para o outro, descoberto, em local fresco e seco.

2 Polvilhe um pouco mais de açúcar de confeiteiro na superfície de trabalho e amasse o restante da pasta americana até ficar maleável. Abra a pasta em uma camada fina. Corte as flores de hortênsia com o cortador e, imediatamente, coloque-as dentro do marcador de veios (ou ranhuras) e feche o molde com cuidado. Coloque as flores sobre a almofada de espuma com relevo – isso vai ajudar a manter as curvas das flores enquanto secam. Corte e modele uma flor por vez e repita até obter 50 flores, abrindo a pasta americana conforme for necessário.

3 Quando a pasta americana estiver firme e as flores secas, pincele o centro de cada flor com o corante comestível verde-claro em pó e, em seguida, passe uma quantidade muito pequena de corante comestível em pó verde bem no centro da flor. Coloque o glacê real no saco de confeitar e aplique um pontinho no meio de cada flor. Deixe o glacê firmar por pelo menos 2 horas, descoberto, em local fresco e seco.

4 Enquanto isso, passe a fita em volta da base do bolo, prendendo a junção na parte de trás com um pouco de glacê. Corte conforme for necessário. Deixe secar completamente. Feche o saco de confeitar e guarde em um recipiente hermético até a hora de usar.

5 Quando as flores estiverem secas, fixe-as aleatoriamente por cima do bolo e nas laterais, usando um ponto de glacê em cada uma.

Cake pop florido

RENDE 12 CAKE POPS

açúcar de confeiteiro, para polvilhar
30 g de Pasta americana tingida de amarelo (pp. 160-1)
60 g de Pasta americana branca (pp. 160-1)
20 g de Glacê real com picos suaves branco (p. 46)
20 g de Glacê real com picos suaves tingido de verde-claro (p. 46)
20 g de Glacê real com picos suaves tingido de amarelo (p. 46)
1 Bolo básico de 15 cm (pp. 62-3)
½ receita de Cobertura básica de baunilha (p. 118)
250 g de cobertura de chocolate amarela

VOCÊ VAI PRECISAR DE

rolo de macarrão pequeno
cortador/ejetor de flores de 1,2 cm
cortador/ejetor de margaridas de 2 cm
almofada de espuma ou pano de cozinha limpo, seco e dobrado
3 sacos de confeitar
bandeja forrada com papel--manteiga
12 palitos de papel para pirulitos
3,5 m de fita multicolorida com 1 cm de largura, cortada em 12 pedaços iguais (opcional)

DICA

Faça as flores de pasta para flor e o bolo básico para a mistura úmida pelo menos um dia antes de usá-los. Se não encontrar cobertura de chocolate amarela, use cobertura de chocolate amargo ou ao leite.

1 Para fazer as flores pequenas, polvilhe açúcar de confeiteiro na superfície de trabalho e amasse a pasta americana amarela até ficar maleável. Abra a pasta em uma camada fina e corte 36 flores pequenas com o cortador/ejetor de 1,2 cm. Repita a operação com 30 g de pasta americana branca para fazer 72 flores no total. Para fazer as margaridas, polvilhe açúcar de confeiteiro na superfície de trabalho e amasse o restante da pasta americana até ficar maleável. Abra a pasta em uma camada fina e corte 36 margaridas usando o cortador/ejetor de 2 cm. Transfira com cuidado todas as flores para a almofada de espuma e deixe-as secando de um dia para o outro, descobertas, em local fresco e seco.

2 Quando as flores estiverem secas, coloque o glacê real branco em um saco de confeitar e corte a pontinha, se necessário. Aplique um ponto de glacê no meio das flores amarelas. Repita a operação com os outros glacês e sacos de confeitar, aplicando um ponto de glacê real verde-claro no centro das flores brancas e um ponto de glacê real amarelo no centro das margaridas. Deixe as flores descobertas, em local fresco e seco, por pelo menos 2 horas, para o glacê firmar.

3 Quando o glacê estiver firme, siga as instruções da p. 68 para fazer uma mistura úmida usando o Bolo básico e a cobertura básica. Faça uma bola com aproximadamente 35 g da mistura, alisando a superfície com as mãos e coloque sobre a bandeja. Repita a operação com o restante da mistura para obter 12 cake pops. Leve os bolos à geladeira e deixe por 1 hora, até firmarem. Se preferir, deixe-os no freezer por 15 minutos, ou até endurecerem.

4 Derreta a cobertura de chocolate em banho-maria em fogo baixo. Se preferir, coloque-a no micro-ondas, descoberta, em potência média, por 2 minutos, ou até derreter. Mexa a cada 30 segundos para evitar que aqueça demais. A cobertura deve ficar com uma consistência líquida parecida com a do creme de leite.

5 Mergulhe 1 cm da ponta de um palito na cobertura derretida e espete na base de um bolo até que não se veja mais a ponta com a cobertura. Segurando pelo palito, gire o bolo na cobertura até que fique completamente recoberto. Use uma colher de chá para auxiliar, se necessário. Levante-o da cobertura e deixe o excesso escorrer na vasilha. Coloque o bolo coberto em um copo para mantê-lo em pé. Trabalhe rapidamente e, antes que a cobertura endureça, prenda três flores de cada tipo sobre ela. Deixe firmar por pelo menos 10-15 minutos. Repita a operação até que todos os bolos estejam cobertos e decorados, reaquecendo a cobertura, se necessário. Quando a cobertura estiver bem firme, amarre uma fita ao redor de cada cake pop e, se preferir, finalize com um laço.

Bolo caixa de presente

RENDE 1 BOLO

2 Bolos mármore quadrados de 15 cm (pp. 76-7)
300 g de Glacê de manteiga (p. 16)
açúcar de confeiteiro, para polvilhar
600 g de Pasta americana branca (pp. 160-1)
70 g de Pasta de modelar branca (pp. 160-1)
cola comestível
30 g de Glacê real com picos suaves tingido de laranja (p. 46)
folha de transfer de pasta americana no formato A4
50 g de Glacê real com picos suaves branco (p. 46)

VOCÊ VAI PRECISAR DE

base rígida quadrada de 15 cm
rolo de macarrão
espaçador de marzipã de 5 mm (opcional)
moldes do laço (p. 165)
faca afiada
carretilha
bandeja forrada com papel-manteiga
pincel pequeno
lenço de papel
cortador/ejetor de prímula de 1,5 cm e outro de 2,5 cm
almofada de espuma com relevo ou um pedaço de papel-alumínio amassado
2 sacos de confeitar com bico perlê nº 2

DICA

Folhas de transfer de pasta americana são encontradas em uma grande variedade de desenhos e cores. Você pode até mesmo criar seu desenho e mandar para alguma empresa que o transfira para a pasta americana.

1 Seguindo as instruções da p. 150, corte os bolos em camadas e recheie com glacê de manteiga para fazer um bolo alto de 15 cm. Seguindo as instruções da p. 152, cubra o bolo com o restante do glacê. Leve o bolo à geladeira e deixe por 2 horas. Quando o glacê estiver firme, polvilhe açúcar de confeiteiro na superfície de trabalho e amasse a pasta americana até ficar maleável. Abra a massa até ficar com 5 mm de espessura, usando o espaçador de marzipã, se preferir. Seguindo as instruções da p. 153, cubra o bolo e a base rígida com a pasta americana.

2 Polvilhe açúcar de confeiteiro na superfície de trabalho, amasse 50 g de pasta de modelar branca até ficar maleável e abra-a bem fina. Coloque os moldes do laço sobre a pasta e corte ao redor com a faca. Use a carretilha para marcar uma linha de pontos ao longo das bordas de cada tira. Coloque as peças sobre a bandeja. Aperte as pontas do lado reto de cada fita do laço e, em seguida, modele a pasta para fazer uma pequena dobra em cada ponta (veja a foto). Pegue a tira de uma das voltas do laço, passe cola em uma das pontas, dobre-a ao meio para criar a volta e aperte levemente, unindo as pontas. Repita com a outra tira para ter as duas voltas. Preencha as duas voltas do laço com lenço de papel amassado – isso vai manter as voltas na posição correta enquanto a pasta seca. Para montar o laço, arrume as voltas e as pontas do laço no lugar, em cima da bandeja, e modele o nó do laço de forma a esconder o ponto onde todas as peças se unem. Prenda as peças usando cola comestível.

3 Polvilhe açúcar de confeiteiro na superfície de trabalho e amasse o restante da pasta de modelar até ficar maleável. Abra bem fina e corte doze prímulas usando o cortador/ejetor de 1,5 cm. Faça uma bola com as sobras e repita a operação com o cortador/ejetor de prímulas de 2,5 cm para obter seis prímulas maiores. Coloque todas as flores sobre a almofada de espuma – isso vai permitir que as flores mantenham o formato curvo enquanto secam. Deixe o bolo, o laço e as flores secando, descobertos, de um dia para o outro, em local fresco e seco, para firmar.

4 No dia seguinte, coloque o glacê real laranja em um saco de confeitar e aplique um ponto de glacê no meio de cada flor. Reserve enquanto o glacê firma. Enquanto isso, corte a folha de transfer em quatro tiras de aproximadamente 18 cm x 6 cm. Retire o plástico de trás de uma das tiras escorregando a faca cuidadosamente entre o plástico e o transfer. Pincele a parte de trás da tira com cola comestível e coloque-a no meio de um lado do bolo. Alinhe a base e alise delicadamente sobre a lateral e a parte de cima do bolo – você tem de trabalhar rapidamente ou a tira pode secar e ficar quebradiça. Trabalhe com uma tira por vez e repita a operação até que todas se encontrem no meio do bolo, para criar um efeito de embrulho. Coloque o glacê branco no outro saco de confeitar e aplique pequenos pontos ao longo de cada tira. Fixe o laço em cima do bolo e prenda as prímulas aleatoriamente sobre a fita, usando o glacê para segurar.

Bolo da ratinha com margaridas

RENDE 1 BOLO

2 Bolos mármore redondos de 10 cm (pp. 76-7)
½ receita de Glacê de manteiga com baunilha (p. 16)
açúcar de confeiteiro, para polvilhar
400 g de Pasta americana tingida de verde-claro (pp. 160-1)
70 g de Pasta de modelar branca (pp. 160-1)
20 g de Pasta de modelar tingida de cor-de-rosa (pp. 160-1)
20 g de Pasta de modelar tingida de púrpura (pp. 160-1)
cola comestível
10 g de Pasta de modelar tingida de verde-escuro (pp. 160-1)
10 g de Pasta de modelar tingida de amarelo-claro (pp. 160-1)
fio de massa seca de espaguete (opcional)
corante alimentício preto em pasta

VOCÊ VAI PRECISAR DE

base rígida para bolo redondo de 10 cm
rolo de macarrão
espaçador de marzipã de 5 mm (opcional)
faca afiada
cortador de flor de 6 pétalas de 6 cm
pincel pequeno
boleador de duas bolas (opcional)
cortador/ejetor de margaridas de 2 cm
almofada de espuma com relevo
38 cm de fita lilás de 7 mm de largura

DICA

Você precisa fazer o bolo, a ratinha e as margaridas pelo menos um dia antes de usá-los.

1 Seguindo as instruções da p. 150, use a base rígida para apoiar, corte os bolos em camadas e recheie-os com o glacê de manteiga para obter um bolo alto de 10 cm. Seguindo as instruções da p. 152, cubra o bolo com o restante do glacê. Leve à geladeira e deixe por 2 horas.

2 Quando o glacê estiver firme, tire o bolo da geladeira. Polvilhe açúcar de confeiteiro na superfície de trabalho e amasse a pasta americana verde-clara para deixá-la maleável. Abra a pasta até ficar com 5 mm de espessura, usando o espaçador, se preferir. Seguindo as instruções da p. 153, cubra o bolo com a pasta americana.

3 Amasse todas as massas de modelar até que fiquem maleáveis. Para fazer a cabeça da ratinha, modele 8 g de pasta de modelar branca no formato de uma gota e deixe firmar um pouco. Para compor os pés, faça duas gotas com pasta de modelar. Marque os dedos com a faca e achate levemente a parte de trás dos pés para criar uma base plana sobre a qual o corpo possa se apoiar. Deixe os pés secando de um dia para o outro, descobertos, em local fresco e seco. Para fazer a parte de baixo do corpo, modele 30 g de pasta de modelar branca no formato de uma gota e, depois, achate levemente no topo e na base.

4 Para a saia do vestido, abra 15 g de pasta de modelar cor-de-rosa em uma camada fina e corte uma flor usando o cortador de flor de seis pétalas. Repita usando a mesma quantidade de pasta de modelar púrpura para cortar outra flor. Cole as camadas, colocando a flor cor-de-rosa sobre a parte de baixo do corpo **(a)** e a flor púrpura por cima da cor-de-rosa.

5 Para a parte de cima do corpo, faça uma massa oval com a pasta de modelar branca e pressione

a parte de cima para achatar um pouco. Espete um pedaço pequeno de espaguete na parte de cima do corpo. Passe cola na base da parte de cima e prenda sobre a saia, empurrando o espaguete pelo centro da saia **(b)** – isso vai dar apoio à parte de cima do corpo e à cabeça.

6 Para os braços, faça dois pequenos cordões e dê um leve apertão nos pulsos. Achate as mãos e marque algumas linhas com a faca para fazer os dedos. Prenda os braços à parte de cima do corpo com cola comestível **(c)**.

7 Para compor as faixas do vestido, faça um cordão bem fino com a pasta de modelar púrpura e corte dois pedaços de 3 cm cada. Para fazer a parte da frente do vestido, abra o restante da pasta púrpura em uma camada fina e corte um retângulo de cerca de 2,5 cm x 1 cm. Cole as faixas na parte de cima do corpo e depois na parte da frente do vestido.

8 Se necessário, corte o fio de espaguete. Passe cola comestível na base da cabeça e prenda à parte de cima do corpo inserindo o centro da cabeça no espaguete **(d)**.

9 Para compor as orelhas, faça duas bolinhas e marque o centro de cada uma com a bolinha pequena do boleador ou com a pontinha do seu dedo mínimo. Para compor o interior cor-de-rosa das orelhas, faça duas bolinhas de pasta de modelar rosa e achate-as levemente.

(a)

(b)

(c)

(d)

Fixe os interiores das orelhas e prenda-as à cabeça com cola. Para o nariz, faça uma bolinha bem pequena de pasta de modelar rosa e cole no focinho. Para os olhos, coloque um pouco de corante alimentício preto em pasta em uma vasilha. Dilua-o com 1-2 gotas de água e pinte os olhos no rosto da ratinha **(e)**.

10 Faça um cordão e modele a cauda como você gostaria que ela ficasse no bolo. Não a prenda ainda na ratinha. Coloque-a sobre uma superfície plana e deixe secar de um dia para o outro, descoberta, em local fresco e seco.

11 Para compor os cabos das margaridas, faça um cordão bem longo com a pasta de modelar verde e corte oito pedaços de 2,5 cm de comprimento. Cole um cabo na mão da ratinha. Coloque os outros cabos sobre uma superfície plana, curvando um pouco cada um. Deixe-os secar de um dia para o outro, descobertos, em local fresco e seco.

12 Abra o restante da pasta de modelar branca em uma camada fina e corte pelo menos oito margaridas usando o cortador/ejetor de margaridas. Faça oito bolinhas de pasta de modelar amarela e cole-as no meio de cada margarida. Coloque as margaridas sobre a almofada de espuma – isso vai fazer com que elas fiquem levemente curvadas enquanto secam. Deixe as margaridas, a ratinha e a pasta americana do bolo secarem de um dia para o outro, descobertas, em local fresco e seco.

13 Para montar o bolo, cole os pés da ratinha sobre o bolo. Pincele o lado plano dos pés e a base do corpo da ratinha com cola comestível e com cuidado apoie o corpo sobre os pés. Arrume a cauda e prenda com um pouco de cola **(f)**. Prenda uma das margaridas na ponta do cabo que está na mão da ratinha **(g)**. Distribua o restante dos cabos e margaridas sobre o bolo e pelas laterais para criar uma cadeia de margaridas. Fixe-as com cola comestível. Passe a fita ao redor da base do bolo, colando a junção na parte de trás. Corte o excesso, se necessário. Deixe secar completamente.

(e)

(f)

(g)

CAPÍTULO 5

Está na hora de revelar os segredos mais bem guardados! Assar e decorar podem exigir muita preparação, mas com um pouco de conhecimento você vai ser capaz de criar facilmente delícias maravilhosas. De utensílios e equipamentos a técnicas e moldes, neste capítulo você vai encontrar tudo o que precisa e ainda mais para ter certeza de que seus doces vão sempre dar água na boca.

SEGREDOS MUITO BEM GUARDADOS

Equipamento básico

Os itens a seguir serão muito úteis quando você estiver preparando, assando e decorando os bolos e biscoitos deste livro. Os que são necessários para projetos específicos estão listados nas páginas das receitas. Você provavelmente vai descobrir que já tem muitos dos equipamentos citados nesta seção. Cortadores de biscoitos usados em receitas específicas podem ser substituídos por moldes, principalmente se você tiver de cortar um número pequeno de peças (pp. 162-71). De qualquer forma, para quantidades grandes eu recomendo comprar os cortadores. Eles são baratos e fáceis de encontrar.

Os equipamentos listados na seção de confeitaria e decoração são extremamente úteis, em especial se você pretende fazer muitos bolos e biscoitos. O nivelador de bolo, por exemplo, é um utensílio muito conveniente, que permite dividir os bolos em camadas de maneira fácil e rápida, mas uma faca grande serrilhada sempre pode substituí-lo. Outros itens como o cortador/ejetor vão tornar sua vida mais fácil quando fizer grandes quantidades de enfeites preparados com pasta americana – um trabalho que pode parecer interminável se realizado só com as mãos.

Agora que estamos começando a ser mais criativos na preparação de nossos bolos, você vai perceber que todo o equipamento listado está facilmente disponível.

EQUIPAMENTO PARA ASSAR

(1) Assadeiras

Fôrmas

(2) Fôrma de bola

(3) Cortadores de biscoitos

(4) Fôrmas de bolo (em vários formatos e tamanhos)

(5) Bolinhas de cerâmica para assar

(6) Cortadores circulares (1-8 cm de diâmetro)

(7) Grade de metal para resfriamento

(8) Forminhas de papel

Batedeira – uma batedeira fixa ou manual com diferentes batedores vai tornar a preparação da massa do bolo e do biscoito muito mais fácil.

Balança de cozinha – de preferência digital, para maior precisão.

(9) Tigelas para misturar/Tigelas refratárias

(10) Fôrma para muffins (12 espaços e 24 espaços)

(11) Espátula de confeiteiro (grande) – usada para transferir biscoitos quentes recém-assados para a grade de metal.

(12) Rolo de macarrão (grande)

(13) Peneira

(14) Espátula – usada para misturar e espalhar. Espátulas com uma pá de plástico larga e flexível ou de silicone são ideais para essas tarefas.

Concha de sorvete com extrator – usada para medir a massa de biscoitos antes de assar. As conchas são ótimas para garantir que você tenha uma fornada homogênea.

(15) Colher de pau

(2)
(9)
(11)
(14)
(15)
(4)
(13)
(8)
(6)
(7)
(3)
(2)
(12)
(5)
(10)
(1)

EQUIPAMENTO PARA CONFEITAR

(1) Base – facilita a movimentação do bolo sobre o prato. São particularmente úteis para minibolos, mas também podem ser usadas para estabilizar bolos de andares.

(2) Base rígida – usada para estabilizar bolos de andares e garantir que as varetas plásticas não penetrem no andar superior. Elas tornam qualquer bolo fácil de transportar. Normalmente, são de cor prateada, mas também podem ser cobertas com pasta americana e usadas como base decorativa para complementar o acabamento do bolo.

(3) Nivelador de bolo – usado para nivelar e dividir bolos (exceto bolos de frutas). Pode ser ajustado em várias alturas, para que você possa cortar as camadas na espessura desejada.

Plataforma giratória (bailarina) – usada para decorar as laterais do bolo. As inclináveis são ideais para essa tarefa.

(4) Garfos para banhar – usado para banhar bombons e biscoitos em coberturas derretidas. Garfos de 2 ou 3 dentes são também muito úteis para mergulhar docinhos (fancies) em cobertura de fondant.

(5) Varetas – usadas para apoiar andares de bolos e evitar que caiam uns sobre os outros. Devem ser usadas com as bases rígidas. Geralmente, as varetas são feitas de plástico e devem ser cortadas no comprimento com tesoura forte ou alicate de corte.

Guia para varetas – usado para marcar a posição onde as varetas devem ser inseridas nos andares dos bolos (p. 171).

(6) Alisador de glacê – usado para obter uma superfície plana depois de cobrir o bolo com pasta americana ou marzipã. Ajuda a alcançar um acabamento perfeito e profissional.

(7) Bicos de confeitar – usados para aplicar glacê sobre cupcakes e para rechear macarons e tortinhas. Normalmente, eu uso o pitanga fechada, o pitanga aberta e o perlê de 14 mm.

(8) Espaçador de marzipã – usado para abrir a pasta americana, o marzipã ou a massa de biscoito e conferir uma espessura uniforme. Eu uso sempre o espaçador de 5 mm.

(9) Alisador de metal – usado para conseguir um acabamento homogêneo depois de cobrir a lateral do bolo com glacê de manteiga ou ganache.

(10) Espátulas de confeiteiro – a espátula de confeiteiro grande é usada para passar o recheio no bolo e para ajudar na tarefa de montar os andares de um bolo. A espátula pequena é empregada para pegar pequenas quantidades de pasta americana e colocá-la sobre biscoitos, para que não rasguem.

(11) Palitos de pirulito de papel – são inseridos nos cake pops ou na base de cupcakes. Também podem ser espetados em biscoitos crus para criar biscoitos no palito.

(12) Pincel para massa – usado para passar calda de açúcar sobre os bolos.

(13) Sacos de confeitar – usados para aplicar grandes quantidades de glacê de manteiga, cobertura ou merengue. Grandes e descartáveis ou de material sintético são ideais para essa tarefa.

(14) Rolo de macarrão (pequeno) – usado para abrir pastas americana, de modelar e para flores.

(15) Régua – usada para medir a pasta americana aberta quando é necessário cortar tamanhos específicos. As de metal são ideais para essa finalidade.

(16) Faca afiada – ajuda a dar acabamento ao cortar marzipã, massa de biscoito ou pastas americana, de modelar ou para flores.

Nivelador pequeno – usado para nivelar e dividir bolos pequenos em camadas. Quando o bolo fica nivelado desde o começo, há muito menos chances de ele inclinar no momento de montar os andares.

(17) Concha de sorvete com extrator – usada para medir a massa de trufas e biscoitos e garantir que você tenha um lote homogêneo.

(18) Bisnaga plástica – usada para trabalhar com glacê real líquido sobre biscoitos que já receberam contorno. Equipamento excelente para os projetos de biscoitos deste livro.

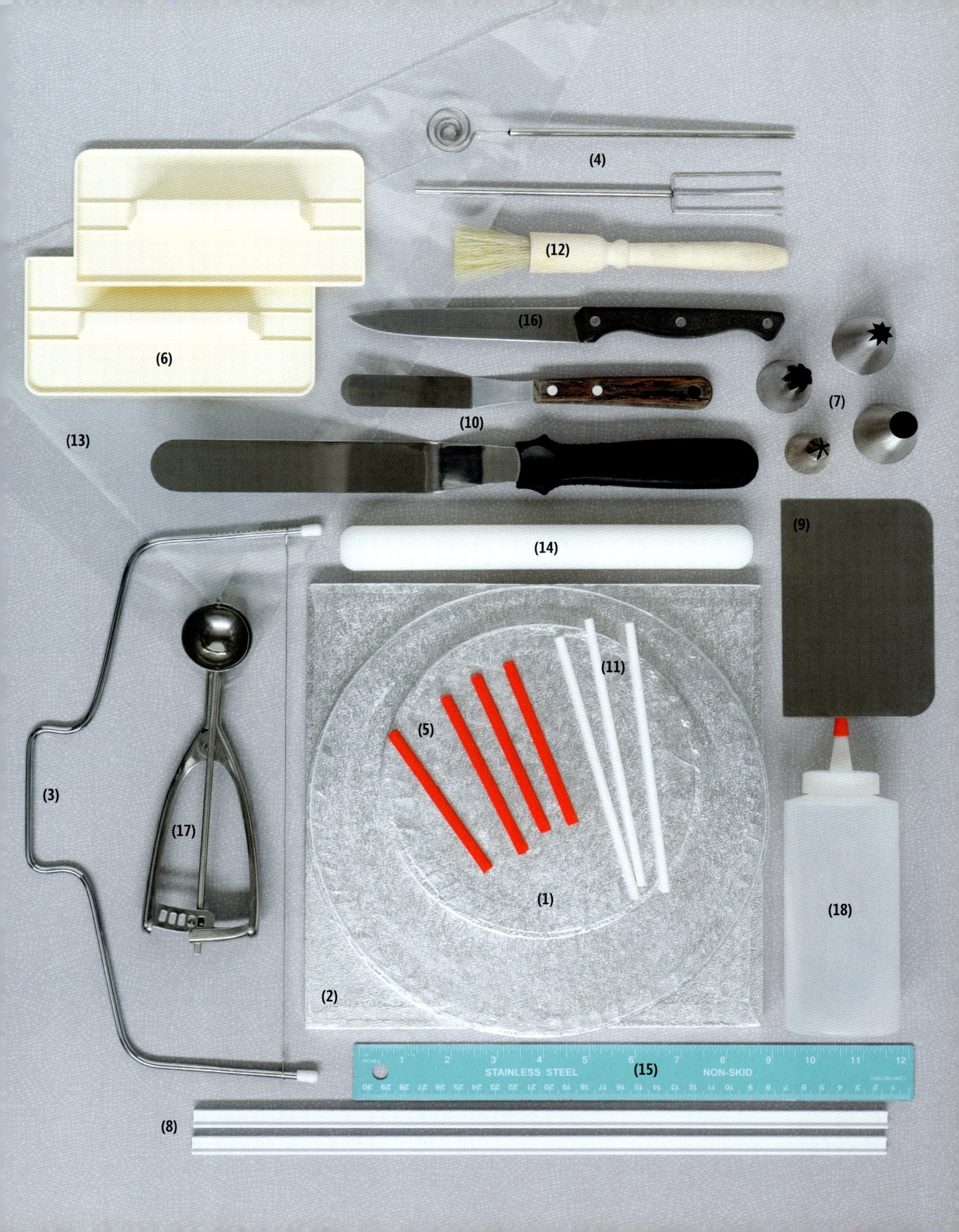
(4)
(12)
(6)
(16)
(7)
(10)
(13)
(9)
(14)
(11)
(5)
(3)
(17)
(1)
(18)
(2)
STAINLESS STEEL
(15)
NON-SKID
(8)

EQUIPAMENTO PARA DECORAR

Utensílios

(1) Boleador (duas bolas) – usado para dar formato às pétalas de flores de açúcar, para fazer marcações arredondadas e para conferir detalhes às decorações de pasta americana.

(2) Estilete – faca pequena, com lâmina afiada, usada para trabalhar com folhas de pasta americana ou transfers de chocolate, ou para trabalhos mais elaborados de artesanato em açúcar.

(3) Carretilha – ferramenta usada para criar desenhos padrão em pastas americana, de modelar ou para flores. Tem rodinhas (cabeças) que podem ser trocadas, com diferentes padrões.

(4) Bicos de confeitar – os bicos perlês nº 2 e nº 1,5 são usados para aplicar o glacê real em biscoitos e para fazer detalhes mais complexos em bolos e biscoitos.

(5) Almofada de espuma – usada com o boleador para conferir um aspecto mais natural às flores feitas com pasta americana.

(6) Conjunto de cortador e molde de hortênsia – formado por um cortador de aço da flor e de um molde dos veios (ou das ranhuras). Vai ajudar você a criar flores de hortênsia com facilidade.

(7) Almofada de espuma com relevo – superfície elástica e cheia de relevos para colocar as flores de pasta ou folhas de um dia para o outro para secar. Permite que as bordas das folhas e das flores sequem com um formato levemente curvado.

(8) Marcador de veios de folhas – usado para dar um ar mais natural às folhas de pasta americana.

(9) Moldes – uma seleção de moldes de silicone usados para criar enfeites detalhados de pasta americana e de modelar para bolos, cupcakes ou biscoitos. Moldes de confeitaria são oferecidos em uma grande variedade de formatos e desenhos. A pasta americana ou de modelar é empurrada para dentro do molde e, em seguida, retirada e colocada para secar.

(10) Pincéis – usados para fazer detalhes de pinturas sobre bolos e peças de pasta de modelar ou americana e para passar cola comestível sobre bolos, biscoitos e enfeites de açúcar.

Sacos de confeitar – usados para aplicar detalhes de glacê real sobre bolos e biscoitos. Os pequenos e descartáveis ou aqueles feitos em casa são os ideais.

(11) Cortador/ejetor – sejam planos ou com relevo, eles criam rapidamente formatos em pasta americana ou para flores.

(12) Scriber – usado para marcar pontos ou desenhos ou para transferir um desenho para a pasta americana. É muito útil também para estourar bolhas de ar que possam surgir na pasta.

(13) Cortador reto de babados – usado para cortar bordas sobre a pasta americana ou de modelar, pode ser encontrado com vários desenhos.

(14) Estêncil – os estênceis culinários são feitos de plástico próprio para alimentos. Usados com glacê real ou corantes alimentícios em pó, permitem fazer desenhos em bolos e biscoitos.

(15) Cortador de pasta americana – feitos de aço ou de plástico, são usados nas pastas americana, de modelar ou de flores depois de abertas.

(16) Marcador de veios – usado para criar o efeito de veios em folhas e flores.

Decorações comestíveis

(17) Caneta com tinta comestível – útil para detalhes em peças de pasta americana se você não tiver tinta comestível.

(18) Confeitos – bolinhas comestíveis de açúcar usadas para adicionar um elemento decorativo ao bolo ou aos biscoitos.

Corantes alimentícios – as pastas podem ser usadas para tingir o fondant e as pastas americanas, de modelar, de flores, o glacê de manteiga, o glacê real e o marzipã. Os pós são usados para dar tonalidade a enfeites de açúcar secos.

(19) Glitter comestível/pó brilhante – o glitter pode ser pincelado em enfeites de açúcar secos para criar um efeito brilhante ou pode ser misturado à água para fazer tinta comestível.

(14)
(15)
(11)
(15)
(11)
(15)
(19)
(8)
(3)
(2)
(18)
(15)
(6)
(9)
(12)
(19)
(10)
(16)
(17)
(1)
(5)
(7)
(11)
(4)
(13)

Como preparar biscoitos para assar

INGREDIENTE

1 receita de massa de biscoito da sua preferência (pp. 26-7)

VOCÊ VAI PRECISAR DE

papel-manteiga
2 assadeiras
rolo de macarrão
espaçador de marzipã de 5 mm (opcional)
molde ou cortador de biscoito
faca afiada
espátula de confeiteiro grande

DICAS

Se quiser fazer seu próprio molde, desenhe o tema em um cartão, recorte o molde e, depois, corte ao redor na massa. Se preferir, use um cortador de biscoito.

Se a massa ficou fora da geladeira por muito tempo durante o processo de corte, leve-a novamente à geladeira e deixe firmar um pouco antes de assá-la.

1 Faça uma bola com a massa e corte-a ao meio. Embrulhe uma metade bem apertado em filme de PVC, leve à geladeira e deixe lá até a hora de usá-la. Corte quatro folhas de papel-manteiga um pouco maiores do que a assadeira. Coloque uma dessas folhas sobre a superfície de trabalho e, em seguida, ponha a massa que restou no meio dessa folha **(a)**.

2 Coloque outra folha de papel-manteiga sobre a massa e, com o rolo de macarrão, abra até ficar com 5 mm de espessura. Se preferir, use o espaçador de marzipã **(b)**. Puxe a massa entre as folhas de papel-manteiga para uma das assadeiras. Retire a massa que ficou na geladeira e repita a operação acima. Empilhe as assadeiras, leve à geladeira e deixe por pelo menos 2 horas ou de um dia para o outro, para a massa firmar antes de ser cortada. Se a massa estiver macia durante o processo de corte, os biscoitos não manterão o formato adequado.

3 Quando a massa estiver firme, retire uma das assadeiras da geladeira e ponha a massa entre as folhas sobre a superfície de trabalho. Forre a assadeira novamente com papel-manteiga e reserve. Remova a folha de papel-manteiga de cima da massa e reserve-a até a hora de usar.

4 Coloque um molde de biscoito sobre a massa aberta e corte ao redor quantas vezes forem necessárias **(c)**, deixando o menor espaço possível entre os biscoitos. Faça uma bola com as sobras e coloque a folha de papel-manteiga reservada por cima. Abra a massa novamente e corte mais biscoitos, até que toda a massa tenha sido utilizada.

5 Use a espátula de confeiteiro para transferir os biscoitos para a assadeira forrada, dando um intervalo de 3 cm entre um e outro para que tenham espaço para crescer enquanto assam. Coloque os biscoitos cortados na geladeira enquanto repete o passo 4 com o restante da massa.

(a)

(b)

(c)

Como forrar a fôrma de bolo

INGREDIENTE

manteiga em temperatura ambiente para untar

VOCÊ VAI PRECISAR DE

fôrma de bolo
papel-manteiga
caneta com tinta comestível ou lápis
régua

COMO FORRAR FÔRMAS REDONDAS OU NO FORMATO DE CORAÇÃO

1 Para a base, coloque a fôrma sobre uma folha de papel-manteiga e contorne em volta com uma caneta de tinta comestível. Corte o formato pelo interior da linha, de maneira que o círculo ou o coração se ajustem ao fundo da fôrma. Reserve até a hora de usar.

2 Para a lateral, corte uma tira de papel-manteiga suficientemente longa para forrar a lateral da fôrma com uma pequena sobreposição e que seja pelo menos 5 cm mais alta do que o lado da fôrma. Faça uma dobra de 2,5 cm no lado maior da tira e vinque bem. Abra a dobra, corte várias pequenas fendas ao longo dela, indo da borda até a dobra, criando uma franja.

3 Unte o interior da fôrma com manteiga e pressione a tira com cuidado nela, deixando a franja do papel-manteiga sobre o fundo da fôrma. Coloque o círculo ou o coração de papel-manteiga sobre o fundo da fôrma, cobrindo a franja.

COMO FORRAR FÔRMAS QUADRADAS

Siga os passos 1 e 2 como indicado acima. Unte o interior da fôrma com manteiga e delicadamente pressione a tira de papel-manteiga dentro da fôrma, deixando que a franja fique sobre o fundo. Sobreponha as franjas nos cantos, para permitir que o papel-manteiga se ajuste nos cantos da fôrma. Passe o dedo para cima e para baixo nos cantos da fôrma para criar quatro vincos – isso vai garantir que o bolo venha a ter cantos quando for retirado da fôrma.

COMO FORRAR FÔRMAS DE BOLAS

1 Corte um círculo de papel-manteiga com diâmetro cerca de 5 cm maior do que o dos espaços que compõem a fôrma. Corte três fendas até a metade, na direção do centro, espaçando-as por igual.

2 Unte um dos espaços da fôrma com manteiga e, em seguida, arrume o círculo de papel-manteiga. Repita conforme for necessário.

Como cortar em camadas e rechear bolos

PARA BOLO BÁSICO, BOLO DELICIOSO DE CHOCOLATE OU BOLO MÁRMORE

1 ou 2 bolos feitos com a receita de Bolo delicioso de chocolate, básico ou mármore (pp. 56-7, 62-3 ou 76-7)
Calda de açúcar (p. 119)
Glacê de manteiga e/ou geleia de framboesa sem sementes ou Ganache de chocolate (p. 16)

VOCÊ VAI PRECISAR DE

nivelador de bolo ou faca grande serrilhada
faca e régua
papel-manteiga
espátula de confeiteiro
pincel para massa

DICAS

Para um bolo de várias camadas, asse duas massas e junte as quatro camadas em um só bolo.

De preferência, faça os bolos um dia antes de cortar em camadas e rechear para evitar que se despedacem ao cortar. Se você estiver com pouco tempo, deixe os bolos na geladeira por pelo menos 2 horas antes de nivelar e de cortar.

1 Com o nivelador de bolo, nivele a parte de cima do bolo **(a)**. Corte o bolo ao meio na horizontal **(b)**. Se preferir, use faca serrilhada e régua para nivelar o bolo e cortá-lo ao meio.

2 Corte um pedaço de papel-manteiga um pouco maior do que a base rígida. Ponha o papel sobre a superfície de trabalho e coloque o bolo por cima. Isso vai deixá-lo mais fácil de virar na hora de rechear. Espalhe uma camada bem fina de glacê de manteiga sobre a base rígida e, com cuidado, coloque a primeira camada do bolo por cima – o glacê de manteiga vai prender o bolo à base.

3 Se estiver dividindo o bolo em camadas e recheando-o, pincele a parte de cima da primeira camada com calda de açúcar e, em seguida, espalhe uma camada fina de glacê de manteiga com a espátula de confeiteiro, seguida de uma fina camada de geleia por cima, no caso de ter decidido por esta última. Coloque a segunda camada do bolo sobre a primeira e aperte levemente com as mãos para firmar as camadas.

Se estiver trabalhando com dois bolos, pincele a parte de cima da primeira camada com calda de açúcar e espalhe uma fina camada de glacê de manteiga com a espátula de confeiteiro. Coloque a segunda camada sobre a primeira. Pincele o topo da segunda camada com calda de açúcar e espalhe uma camada de glacê de manteiga ou geleia de framboesa, se preferir **(c)**. Coloque a terceira camada sobre a segunda, pincele com calda de açúcar e espalhe uma fina camada de glacê de manteiga. Com cuidado, coloque a quarta camada por cima e pressione as camadas com as mãos para firmar o bolo.

(a)

(b)

(c)

Como cobrir docinhos (fancies) com cobertura de fondant

PARA OS DOCINHOS COM FONDANT

cobertura de fondant feita na hora (p. 18)
docinhos cobertos com marzipã (p. 18)

VOCÊ VAI PRECISAR DE

grade de metal para resfriamento
papel-manteiga
garfo para banhar ou garfo de mesa
forminha de papel prateado ou forminhas de cupcakes

DICA

Quando arrumar os docinhos em um quadrado apertado, assegure-se de que os lados dos docinhos estejam juntos – isso vai ajudar a manter o formato quadrado enquanto os docinhos secam.

Para cobrir docinhos com fondant, siga o método abaixo, usando a quantidade de docinhos e de fondant especificada na receita.

1 Coloque a grade de metal sobre uma folha de papel-manteiga e retire os docinhos cobertos com marzipã da geladeira. Cubra um docinho por vez e mergulhe o lado com marzipã na cobertura fondant até que esta cubra cerca de três quartos de cada lado **(a)**. Retire o docinho da cobertura com o garfo de banho, deixando o excesso escorrer de volta na vasilha **(b)**. Coloque o docinho banhado sobre a grade de metal e deixe secando por 10 minutos. Repita com os outros docinhos. Guarde o fondant não usado em um recipiente hermético.

2 Depois de 10 minutos, coloque cada docinho dentro de uma forminha de papel **(c)** e modele a forminha redonda ao redor do docinho quadrado, vincando quatro cantos na forminha **(d)**. Arrume os docinhos em um quadrado apertado e deixe secando até que a cobertura esteja totalmente firme.

(a)

(b)

(c)

(d)

Como cobrir bolos com Glacê de manteiga ou Ganache de chocolate

Para cobrir um bolo ou cupcake com glacê de manteiga ou ganache de chocolate, siga o método abaixo, usando a quantidade de glacê de manteiga ou ganache especificada pela receita ou pelas tabelas da p. 155 para conseguir um resultado perfeito.

PARA BOLOS

PARA 1 BOLO

1 ou 2 bolos em camadas e recheados (p. 150)
Glacê de manteiga ou Ganache de chocolate (p. 16)

VOCÊ VAI PRECISAR DE

papel-manteiga
espátula de confeiteiro grande
alisador de metal

1 Corte um pedaço de papel-manteiga um pouco maior do que a base do bolo ou da base rígida. Ponha o papel-manteiga sobre a superfície de trabalho e coloque o bolo por cima – assim vai ficar mais fácil virar o bolo na hora de cobrir. Cubra a lateral do bolo com glacê de manteiga ou ganache **(a)** usando a espátula de confeiteiro, alisando bem até que a lateral esteja completamente coberta com uma camada fina e homogênea. Assegure-se de que a camada está uniforme, passando o alisador de metal por toda a lateral **(b)**, virando o bolo bem devagar enquanto faz isso.

2 Segure a espátula de confeiteiro em um ângulo pequeno e espalhe uma camada fina de glacê de manteiga ou ganache sobre o bolo. Certifique-se de que a cobertura fique uniforme, passando com cuidado o alisador de metal por cima.

PARA CUPCAKES

PARA 1 CUPCAKE

Glacê de manteiga ou Ganache de chocolate (p. 16)
cupcake (p. 129) assado em forminha de papel ou de papel-alumínio

Pegue um pouco de glacê de manteiga ou ganache com a ponta de uma espátula de confeiteiro e espalhe sobre o cupcake. Trabalhe partindo do centro do cupcake e indo em direção às bordas da forminha de papel, colocando mais glacê, se necessário. Para obter um acabamento texturizado, espalhe a cobertura com movimentos circulares e faça pequenos movimentos com a ponta da espátula para criar picos sutis **(c)**. Para obter um acabamento liso, espalhe a cobertura sobre o cupcake em movimentos circulares, com cuidado para não marcar a cobertura.

(a)

(b)

(c)

Como cobrir bolos com pasta americana e marzipã

Para cobrir um bolo com pasta americana (ou com marzipã e pasta americana), siga as instruções abaixo usando as quantidades especificadas pela receita ou pelas tabelas da p. 155. Se está começando a cobrir bolos, inicie com mais pasta americana ou marzipã do que o especificado, assim você terá o suficiente para trabalhar.

PARA 1 BOLO
açúcar de confeiteiro, para polvilhar
pasta americana
1 Bolo delicioso de chocolate ou Bolo básico, mármore ou de frutas (pp. 56-7, 62-3 ou 76-7)

VOCÊ VAI PRECISAR DE
rolo de macarrão
espaçador de 5 mm (opcional)
2 alisadores de pasta
faca afiada
scriber ou palito

COMO COBRIR BOLOS COM PASTA AMERICANA

Polvilhe açúcar de confeiteiro na superfície de trabalho e amasse a pasta americana até deixá-la maleável. Abra a pasta até ficar com 5 mm de espessura, usando o espaçador de marzipã, se preferir. Levante a pasta com cuidado e coloque sobre a parte de cima e nas laterais do bolo, sem puxar nem esticar. Alise com as mãos o topo e as laterais, assegurando-se de tirar qualquer bolha de ar **(a)**. Para obter um acabamento plano, alise todo o bolo, novamente, com o alisador de pasta **(b)**. Corte os excessos de pasta da base do bolo com a faca **(c)**. Use o scriber para furar qualquer bolha que tenha restado na pasta.

ALÉM DO QUE ESTÁ ACIMA
geleia de damasco aquecida ou glacê de manteiga
marzipã

VOCÊ VAI PRECISAR DE
pincel de massa

COMO COBRIR BOLOS COM MARZIPÃ E PASTA AMERICANA

Se você for cobrir um bolo de frutas, pincele o topo e os lados dele com uma camada fina de geleia de damasco. Se for usar um bolo básico, cubra a parte de cima e os lados do bolo com uma camada fina de glacê de manteiga. Polvilhe açúcar na superfície de trabalho e amasse o marzipã até amaciar um pouco – tome cuidado para não amassar demais, o que pode torná-lo oleoso. Abra o marzipã até ficar com 5 mm de espessura, usando, se preferir, o espaçador de marzipã, e cubra o bolo como indicado acima. Deixe o bolo descoberto de um dia para o outro, em local fresco e seco, para o marzipã firmar. Quando ele estiver firme, pincele o topo e os lados do bolo com um pouco de água fervida fria, abra a pasta americana como indicado acima e cubra o bolo.

(a)

(b)

(c)

Como cobrir a base rígida com pasta americana

PARA 1 BASE RÍGIDA
açúcar de confeiteiro para polvilhar
pasta americana

VOCÊ VAI PRECISAR DE
pincel para massa
base rígida para bolo
rolo de macarrão
alisador de pasta
faca afiada
scriber ou agulha afiada
pedaço de fita para passar ao redor da base rígida de 1,5 cm de largura
fita adesiva dupla face

DICA
Você precisa cobrir a base rígida um dia antes de usar.

Para cobrir uma base rígida com pasta americana, siga as instruções abaixo usando as quantidades especificadas pela receita ou as tabelas na página ao lado. Se está começando a cobrir bolos, inicie com um pouco mais de pasta americana do que o especificado, assim haverá quantidade suficiente de pasta para trabalhar.

1 Pincele água fria sobre a base rígida **(a)**. Polvilhe açúcar de confeiteiro na superfície de trabalho e amasse a pasta americana para deixá-la maleável. Abra a pasta americana até ficar com 5 mm de espessura, usando, se preferir, o espaçador de marzipã **(b)**.

2 Levante a pasta com cuidado e coloque-a sobre a base rígida **(c)**, sem puxar nem esticar. Alise a pasta sobre a base com as mãos, eliminando todas as bolhas de ar. Para um acabamento plano e liso, alise a pasta novamente com o alisador **(d)**. Corte os excessos de pasta americana com a faca **(e)**. Use o scriber para furar eventuais bolhas de ar que tenham ficado.

3 Passe a fita ao redor da lateral da base rígida **(f)** prendendo a junção na parte de trás com fita adesiva dupla face e cortando, se necessário.

(a)

(b)

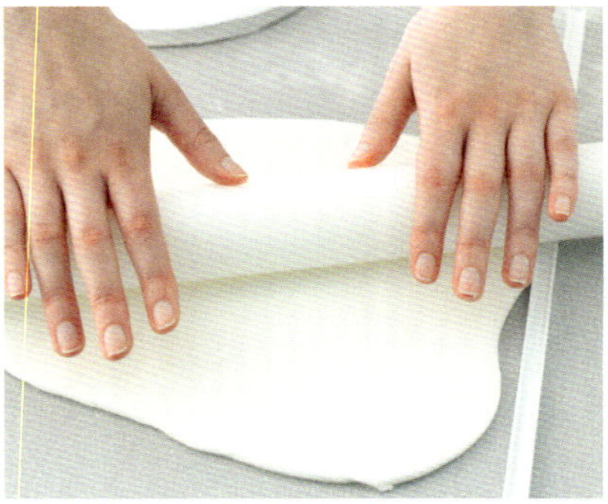

(c)

(d)

(e)

(f)

Como cobrir bolos e bases rígidas

Para cobrir uma base rígida com pasta americana, um bolo com pasta americana ou marzipã, um bolo ou um cupcake com glacê de manteiga ou ganache de chocolate, siga as instruções das pp. 152, 153 ou 154 e use as quantidades especificadas nas tabelas abaixo.

Quantidades de pasta americana para cobrir base rígida	
Base rígida	**Pasta americana**
10 cm	170 g
13 cm	200 g
15 cm	300 g
18 cm	400 g
20 cm	550 g
23 cm	700 g
25 cm	750 g

Quantidades de pasta americana/marzipã para cobrir bolos	
Bolo	**Pasta americana/Marzipã**
10 cm	400 g
13 cm	500 g
15 cm	600 g
18 cm	750 g
20 cm	850 g
23 cm	1 kg
25 cm	1,25 kg

Quantidades de glacê de manteiga e ganache de chocolate para cobrir bolos e cupcakes	
Bolo	**Glacê de manteiga/ Ganache de chocolate**
10 cm	175 g
13 cm	250 g
15 cm	300 g
18 cm	450 g
20 cm	500 g
23 cm	750 g
25 cm	1 kg
12 cupcakes/24 minicupcakes	350 g

Como montar bolos de andares

INGREDIENTES

2 ou mais andares de bolo de diferentes tamanhos, cobertos com pasta americana e apoiados em bases rígidas do mesmo tamanho dos bolos
Glacê real com picos firmes (p. 46)

VOCÊ VAI PRECISAR DE

guia para posicionar varetas (p. 171)
scriber ou agulha afiada
varetas de plástico (4 para cada andar, exceto o de cima)
caneta de tinta comestível
tesoura forte ou tesoura de poda
espátula de confeiteiro pequena
espátula de confeiteiro grande
2 alisadores de pasta
nivelador (opcional)

DICAS

Bolos cobertos com pasta americana devem secar de um dia para o outro, descobertos, em local fresco e seco, antes de receberem as varetas.

Se as varetas forem ocas, use uma tesoura forte para cortar no tamanho certo. Se forem sólidas, você vai precisar de uma tesoura de poda. Outra opção é marcar o corte com uma faca afiada e depois partir as varetas para ficarem na altura certa.

1 Coloque o andar de baixo sobre a superfície de trabalho e posicione o guia das varetas sobre o bolo. Usando a guia, selecione a posição das varetas de acordo com o tamanho do próximo andar. Marque a posição da primeira vareta furando o topo do bolo com o scriber **(a)**. Quando selecionar a posição das varetas, tenha em mente que elas precisam ficar dentro do diâmetro do próximo andar para que sumam de vista.

2 Empurre as varetas para dentro do bolo até que toquem a base rígida **(b)**. Com a caneta, marque cada vareta no ponto em que ela aparece no topo do bolo – a marca deve ser nivelada com o topo do bolo. Retire as varetas marcadas, alinhe-as sobre a superfície de trabalho e avalie a altura média das marcas. Use a tesoura para cortar cada vareta na altura média e coloque-as novamente no bolo.

3 Espalhe uma pequena quantidade de glacê real em uma camada fina dentro da área demarcada pelas varetas, usando a espátula de confeiteiro pequena **(c)** – o glacê real vai fixar o próximo andar no lugar. Com a ajuda da espátula grande, posicione o próximo andar sobre as varetas **(d)**. Movimente o andar para o centro com os alisadores de pasta. Verifique se o andar de cima está nivelado – se preferir, use o nivelador. Deixe o glacê secar por 10 minutos mais ou menos. Repita a operação para outro andar, se necessário.

(a)

(b)

(c)

(d)

Dicas de confeitaria e técnicas

COMO PREPARAR PARA CONFEITAR

INGREDIENTE
Glacê real com picos firmes ou suaves (p. 46) ou Cobertura básica (p. 118)

VOCÊ VAI PRECISAR DE
saco de confeitar
bico de confeitar (opcional)

DICA
Se o bico não ficar bem ajustado à ponta do saco de confeitar, o glacê vai sair pelo espaço entre o bico e o saco e você não vai conseguir confeitar corretamente.

1 Selecione um bico e coloque no saco de confeitar. Se estiver usando um saco de confeitar descartável, corte a pontinha antes de colocar o bico. Para ajustar um bico pequeno, corte a extremidade do saco de confeitar aos poucos até que metade do bico se ajuste à ponta do saco de confeitar. Para ajustar um bico grande, corte a ponta do saco de confeitar aos poucos até que a ponta do bico se ajuste à ponta do saco de confeitar.

2 Encha o saco de confeitar com glacê ou cobertura, tomando o cuidado de não ultrapassar um terço. Usando as costas da mão, empurre o conteúdo na direção do bico, retirando o ar do saco de confeitar. Dobre a boca do saco lateralmente para dentro, para evitar que o conteúdo escape. Dobre a parte de cima do saco na direção do bico e dobre novamente para segurar. Pegue o saco de confeitar com a mão dominante e posicione dois dedos da outra mão perto da base do bico para firmar o saco.

COMO APLICAR COBERTURA EM ESPIRAIS

INGREDIENTE
Cobertura básica (p. 118)

VOCÊ VAI PRECISAR DE
bico perlê grande, pitanga aberta ou pitanga fechada
saco de confeitar grande de material sintético

Selecione um bico e coloque no saco de confeitar e prepare para confeitar conforme acima.

Espirais altas conferem uma altura extra aos cupcakes. Elas são usadas para decorar cupcakes e aparecem na maioria das receitas de cupcakes deste livro. Para aplicá-las, segure o saco de confeitar na posição vertical e, começando pela borda do cupcake, aplique a cobertura em um movimento espiral em direção ao centro, sobrepondo a cobertura enquanto ele é realizado.

Espirais planas criam um efeito parecido com uma rosa, conforme você pode ver nos Cupcakes de chocolate com rosas (p. 22-3). Para aplicar uma espiral plana, segure o saco de confeitar na vertical e, começando pelo centro do cupcake, aplique a cobertura em um movimento espiral na direção da borda, tendo o cuidado de não sobrepor.

Espiral alta aplicada com bico perlê grande

Espiral alta aplicada com bico pitanga aberta grande

Espiral plana aplicada com bico pitanga aberta grande

COMO PREPARAR UM SACO DE CONFEITAR DESCARTÁVEL

Sacos de confeitar descartáveis são encontrados facilmente e estão disponíveis em uma grande variedade de tamanhos, mas também é fácil fazer o seu com papel-manteiga.

VOCÊ VAI PRECISAR DE
papel-manteiga
tesoura

DICA
Sacos de confeitar feitos em casa são excelentes para aplicar glacê real, exceto quando se trata de detalhes muito elaborados, que requerem um bico específico. Nesse caso, para esse tipo de decoração, os sacos comprados prontos são melhores.

1 Corte um quadrado de 30 cm x 30 cm de papel-manteiga. Dobre o quadrado ao meio na diagonal e faça um vinco. Corte na linha diagonal para obter dois triângulos.

2 Pegue um triângulo e coloque sobre a superfície de trabalho com o lado maior mais distante de você. Pegue a ponta da esquerda com a mão dominante e curve até que ela toque a ponta inferior – o papel deve formar um cone nesse processo **(a)**. Segure as duas pontas juntas com a outra mão **(b)**. Com a mão dominante, curve a ponta da direita **(c)** sobre o cone que já está formado até que todas as extremidades se encontrem e o cone esteja formado.

3 Segure as pontas com o polegar e o indicador e escorregue a posição das pontas até que uma ponta bem fina se forme na extremidade do cone.

4 Dobre o triângulo na direção da ponta e dobre novamente para prender **(d)**. O saco está pronto para ser preenchido com glacê real com picos firmes ou suaves. Corte a pontinha antes de usar.

(a)

(b)

(c)

(d)

COMO APLICAR GLACÊ REAL

Devido à sua natureza incrivelmente versátil, o glacê real é usado para uma grande variedade de técnicas de decoração: de confeitar biscoitos e detalhes elaborados até fixar enfeites de pasta americana e construir casas de biscoito de gengibre. Dependendo do objetivo, ele é feito em uma destas três consistências: picos firmes, picos suaves e líquido (p. 46). As consistências de picos firmes e suaves devem ser colocadas em um saco de confeitar antes de usar. (A consistência líquida deve ser colocada em uma bisnaga plástica.)

Escolha um bico pequeno e coloque-o em um saco de confeitar ou simplesmente corte a ponta do saco descartável.

Como aplicar Pontos complexos, Gotas e Linhas

INGREDIENTE
Glacê real com picos suaves (p. 46)

VOCÊ VAI PRECISAR DE
saco de confeitar com bico pequeno
pincel pequeno (opcional)

DICA
Se estiver decorando um bolo, você poderá achar mais fácil colocá-lo em uma plataforma giratória inclinável (bailarina), para aplicar detalhes sobre os lados do bolo.

Seguindo as instruções da p. 157, encha um saco de confeitar com glacê real com picos suaves e prepare-se para confeitar.

Pontos – segure o saco de confeitar em um ângulo reto em relação à superfície do bolo ou do biscoito. Segure o bico cerca de 1 mm acima da superfície, aperte com cuidado, liberando uma quantidade pequena de glacê para fazer um ponto e, em seguida, levante o bico. Quanto mais você apertar o saco de confeitar, maior será o ponto. Se em cima dele se formar um pico, achate-o com um pincel umedecido.

Gotas – faça um ponto conforme explicado acima e arraste ligeiramente o bico para criar um formato de gota.

Linhas – com a ponta do bico tocando a superfície do bolo ou do biscoito, aperte o glacê no saco de confeitar, levante este último deixando-o um pouco longe da superfície e faça uma linha, aplicando uma leve pressão. Para terminar a linha, traga a ponta do bico de volta à superfície e puxe com cuidado.

Glacê real com picos firmes

Glacê real com picos suaves

Glacê real com consistência líquida

Pasta americana, Pasta para flor e Pasta de modelar

Essas três formas de cobertura podem ser usadas de várias maneiras para decorar bolos e biscoitos. Dos três tipos, a pasta americana é a mais fácil de ser encontrada e a mais comumente usada, mas todas podem ser compradas em casas especializadas, embora eu prefira preparar minha própria pasta para modelar.

PASTA AMERICANA

Essa cobertura é utilizada para dar acabamento perfeito a bolos e bases rígidas e também pode ser usada para enfeites simples, como folhas e flores planas. É facilmente encontrada e simples de usar – é maleável, abre bem e seca apresentando uma encantadora superfície lisa (levemente brilhante).

PASTA PARA FLOR

A pasta para flor (também conhecida como pasta para pétala) é a forma mais maleável de pasta americana. Você pode abri-la mais fina do que a pasta americana sem correr o risco de rasgá-la e de ela, ao secar, ficar mais dura. Está disponível em lojas especializadas e é usada principalmente em quantidades menores, para detalhes de decoração que requerem modelagem delicada como as rosas dos Cupcakes com rosas (p. 126-7) e do Minibolo magnífico (p. 120-1) ou o detalhe do laço da Bola laranja (p. 94-5)

PASTA DE MODELAR

Adicionando CMC (carboximetil celulose) à pasta americana, temos uma cobertura conhecida como pasta de modelar, que é mais forte do que a pasta americana. A pasta de modelar demora mais para secar do que a americana, mas fica mais dura quando seca. É indicada para bolos que requerem enfeites maiores, como as flores do Bolo de casamento marfim com flores (p. 114-5), os ursinhos e coelhinhos do Cupcake do chá de bebê (p. 110-1) e a alça e o bico do Bolo bule de chá (pp. 122-5).

Como preparar a Pasta de modelar

Para fazer a pasta de modelar, salpique 1 colher (chá) de CMC na superfície de trabalho e amasse 350 g de pasta americana sobre ele. Guarde em um recipiente hermético. A pasta americana vai começar a engrossar imediatamente e continuar por um período de 24 horas.

Como usar a Pasta americana, a Pasta para flor e a Pasta de modelar

• Antes de abrir ou modelar a pasta americana, de modelar ou para flor, polvilhe açúcar de confeiteiro na superfície de trabalho. Amasse as pastas americana e de modelar até que fiquem maleáveis. Amasse a pasta para flor até que fique lisa e elástica, rompendo para amaciar, se necessário.

• As pastas americana, para flor ou de modelar brancas podem ser tingidas com corantes alimentícios em pasta. Para colorir a pasta de flor, espalhe uma pequena quantidade de corante alimentício em pasta sobre a pasta para flor usando a ponta de um palito e amasse até ficar homogêneo. Repita a operação até que a cor desejada seja atingida.

• Uma vez expostas ao ar, as pastas americana, de modelar e para flor vão endurecendo aos poucos. Se estiver trabalhando em lotes ou moldando uma pequena quantidade de pasta, guarde o restante da pasta em um recipiente hermético até a hora de usá-la, evitando assim que a pasta seque e quebre.

Como abrir a Pasta americana, a Pasta para flor e a Pasta de modelar

• Quando uma receita pede para abrir a pasta americana, a pasta para flor ou a pasta de modelar muito fina, abra-a até ficar com 1-2 mm de espessura.

• Quando uma receita pede para abrir a pasta americana, a pasta para flor ou a pasta de modelar bem fina, abra até ficar com 2-3 mm de espessura.

• Quando uma receita pede para abrir a pasta americana, a pasta para flor ou a pasta de modelar até ficar com 5 mm de espessura, os espaçadores de marzipã são muito úteis.

Desenhos, guias e moldes

Para usar os moldes, trace o contorno sobre uma cartolina e corte cuidadosamente com uma tesoura. Para usar os desenhos, trace cada um sobre uma folha de papel ou cartolina. Para baixar as versões para impressão, visite www.dbp.co.uk/icingonthecake (Alertamos que todo o conteúdo do site está em inglês).

MINICUPCAKES COM ENFEITES DE CHOCOLATE
(pp. 14-5)
Desenhos de chocolate com voltas

BOLO DE NATAL
(pp. 96-7)
Molde de folha de azevinho

BISCOITO CORAÇÃO COM ROSA
(pp. 64-5)

BISCOITOS COM FILIGRANAS E GLITTER
(pp. 44-5)
Molde de coração

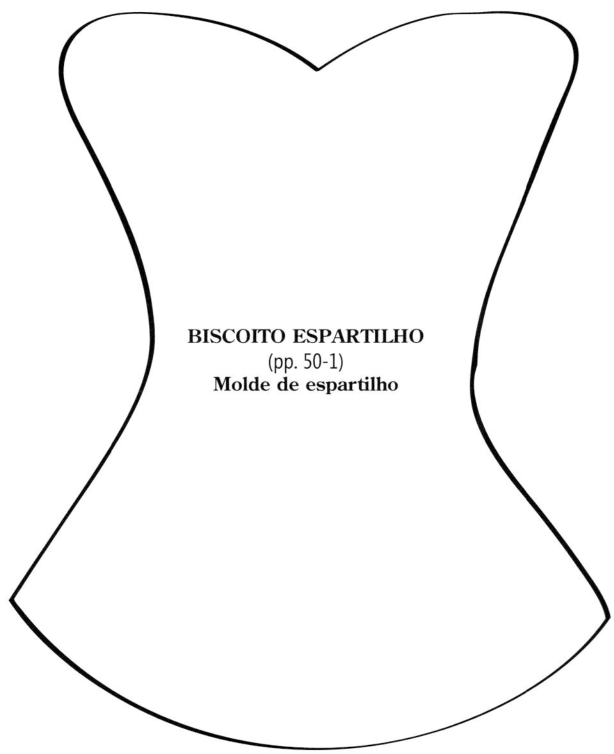

BISCOITO ESPARTILHO
(pp. 50-1)
Molde de espartilho

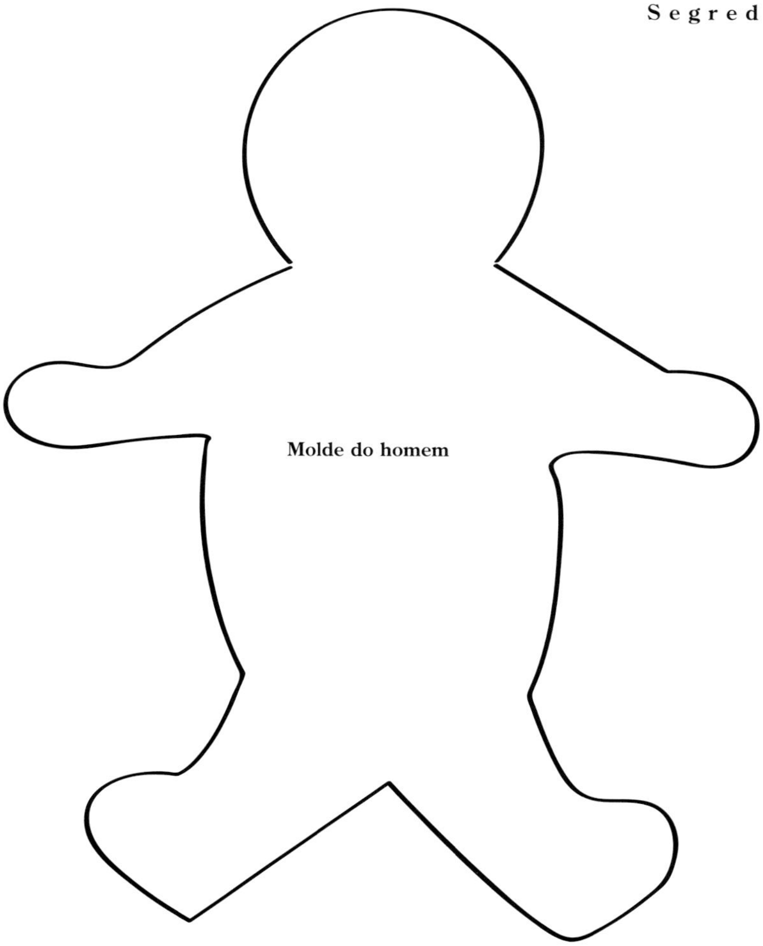

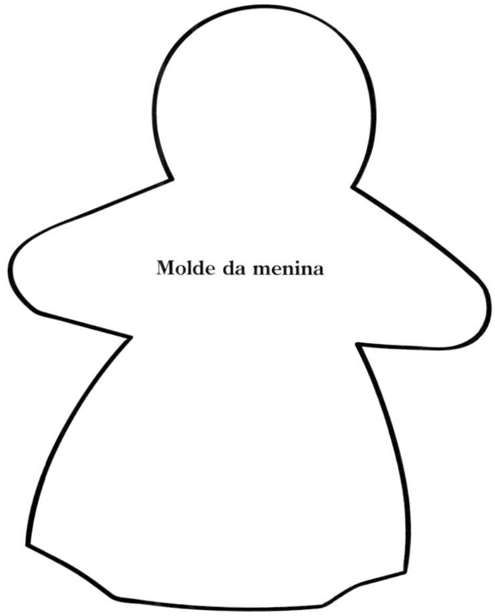

FAMÍLIA BISCOITO DE GENGIBRE
(pp. 24-5)

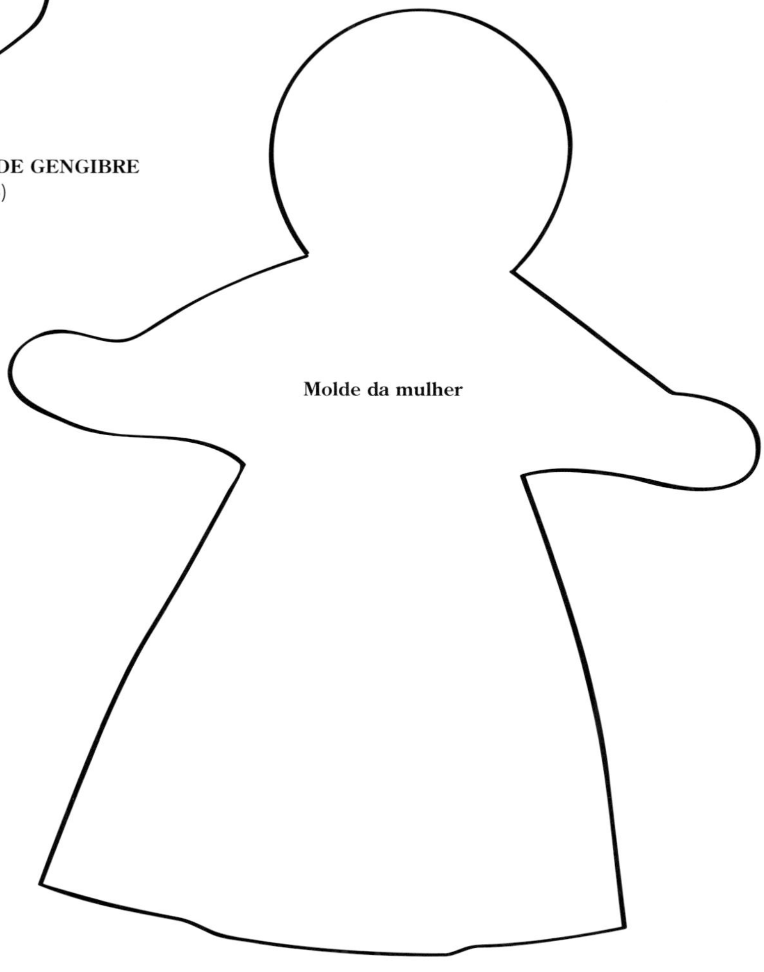

Para usar os moldes, trace o contorno sobre uma cartolina e corte cuidadosamente com uma tesoura. Para baixar as versões para impressão, visite www.dbp.co.uk/icingonthecake (Alertamos que todo o conteúdo do site está em inglês).

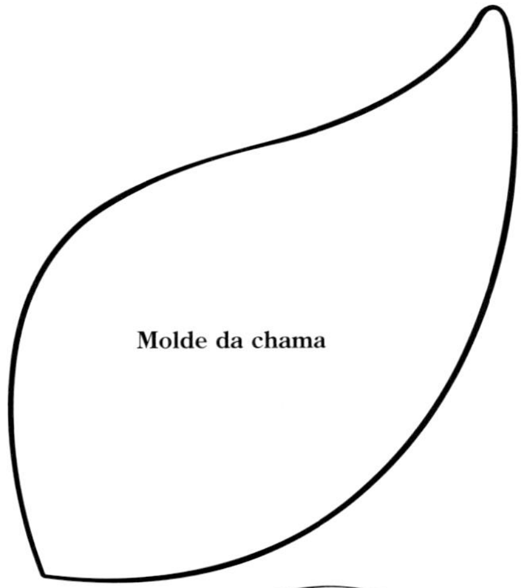

BOLO DO DRAGÃO
(pp. 74-5)

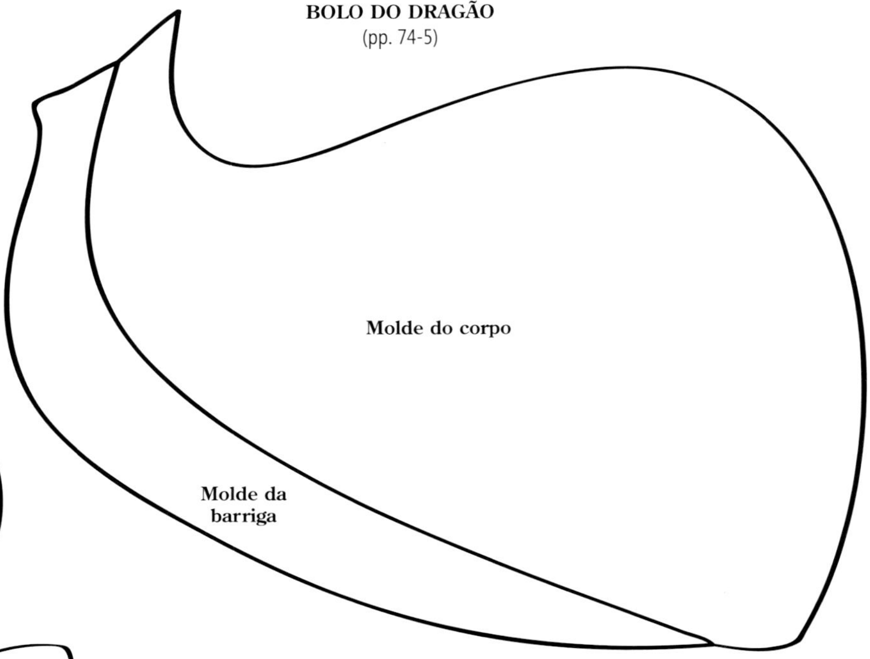

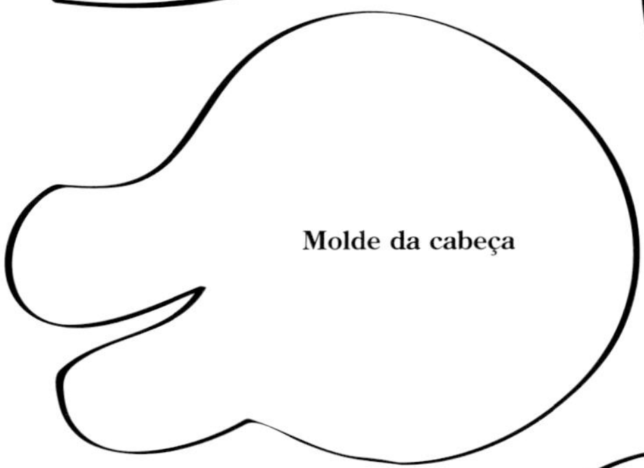

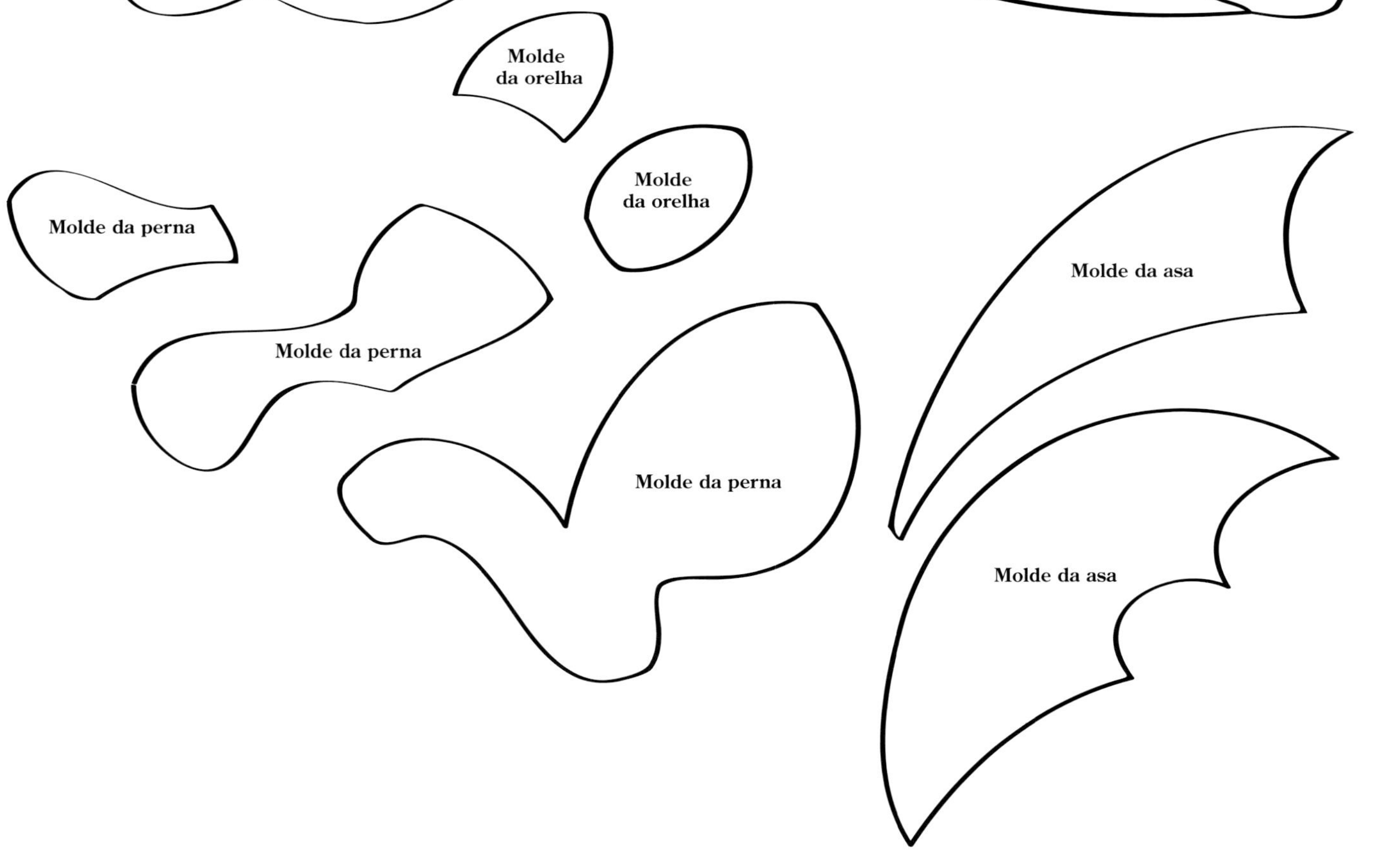

BISCOITO FLOR DE CASAMENTO
(pp. 58-9)
Molde de flor

PARA BOLA LARANJA
(pp. 94-5)

BOLO CAIXA DE PRESENTE
(pp. 134-5)

BISCOITO GUIRLANDA NATALINA
(pp. 72-3)
Molde da guirlanda

BOLO DE CASAMENTO MARFIM COM FLORES
(p. 114-5)
Moldes das flores e das folhas

Para usar os moldes, trace o contorno sobre uma cartolina e corte cuidadosamente com uma tesoura. Para usar os desenhos, trace cada um sobre uma folha de papel ou cartolina. Para baixar as versões para impressão, visite www.dbp.co.uk/icingonthecake (Alertamos que todo o conteúdo do site está em inglês).

Molde do telhado

Molde da parede lateral

CASA DE BISCOITO DE GENGIBRE
(pp. 78-81)

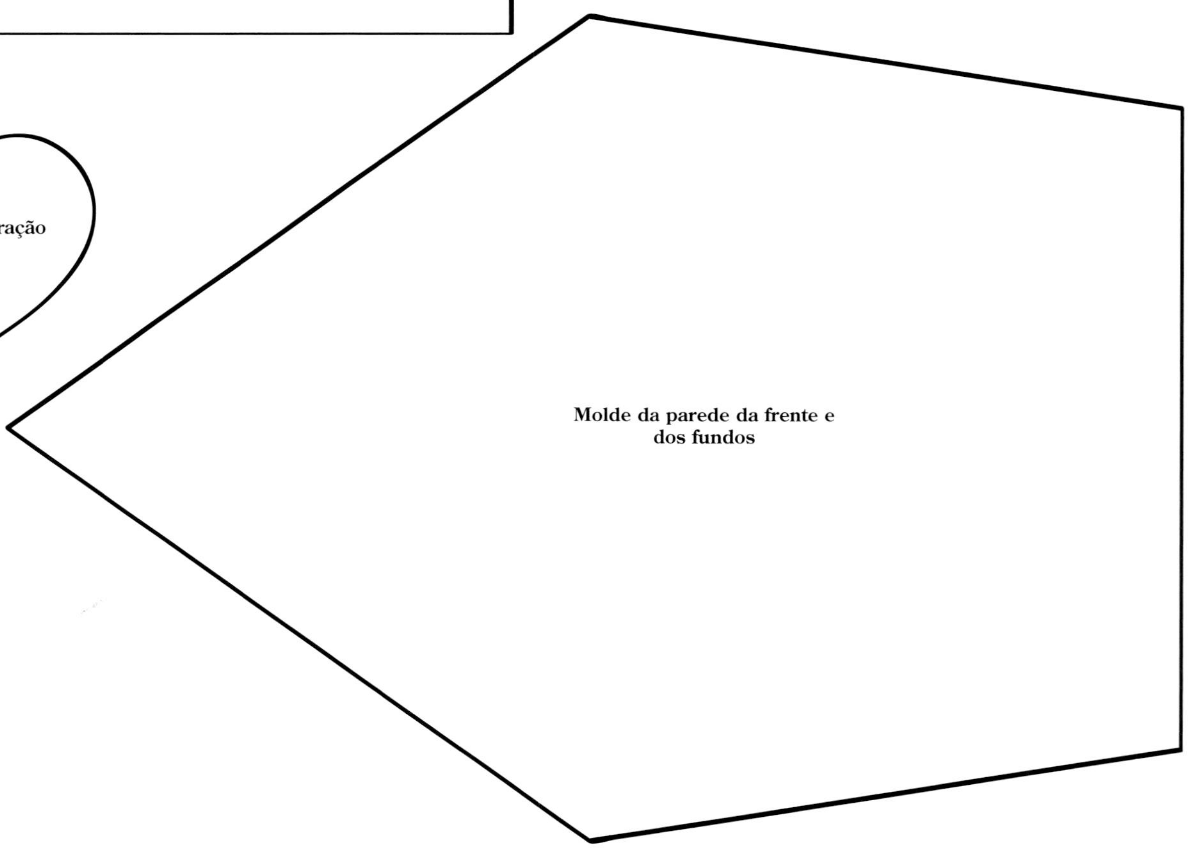

Desenhos das folhas

BISCOITO DE AÇÃO DE GRAÇAS
(pp. 82-3)

BOLO CAIXA DE CHOCOLATE COM TRUFAS
(pp. 52-5)
Moldes da flor (pequeno, médio e grande), da folha e da etiqueta de presente

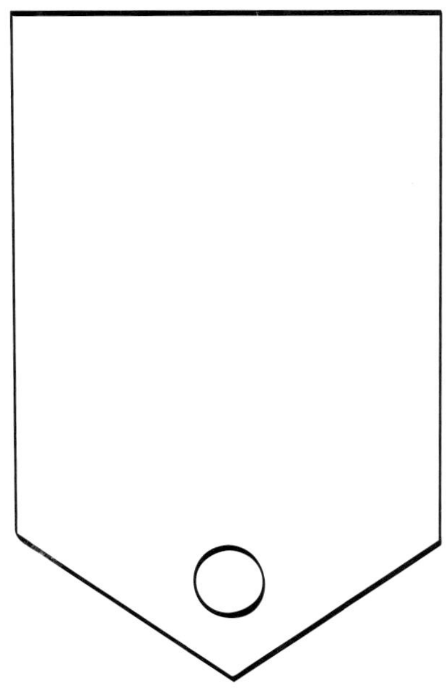

Para usar os moldes, trace o contorno sobre uma cartolina e corte cuidadosamente com uma tesoura. Para usar os desenhos, trace cada um sobre uma folha de papel ou cartolina. Para baixar as versões para impressão, visite www.dbp.co.uk/icingonthecake (Alertamos que todo o conteúdo do site está em inglês).

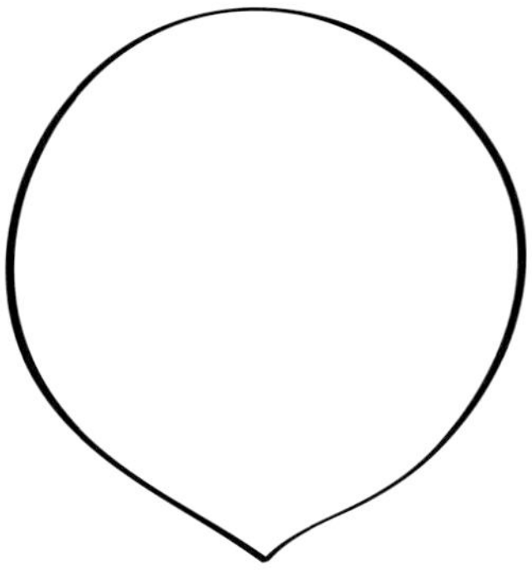
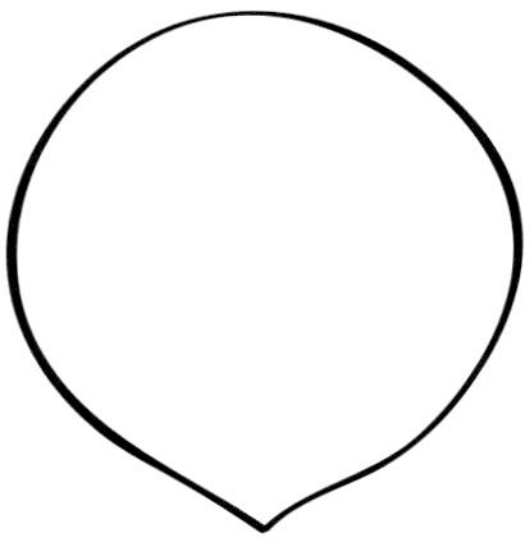
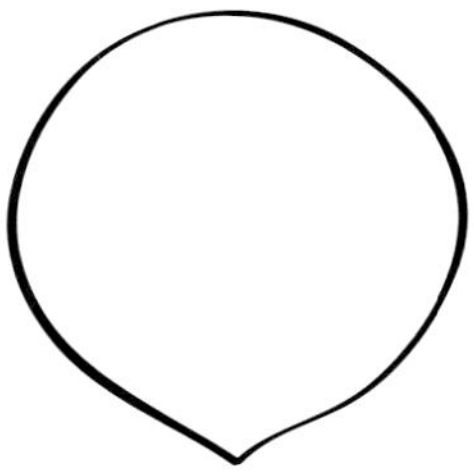

CUPCAKES COM ROSAS
(pp. 126-7)
Moldes de pétalas de rosas

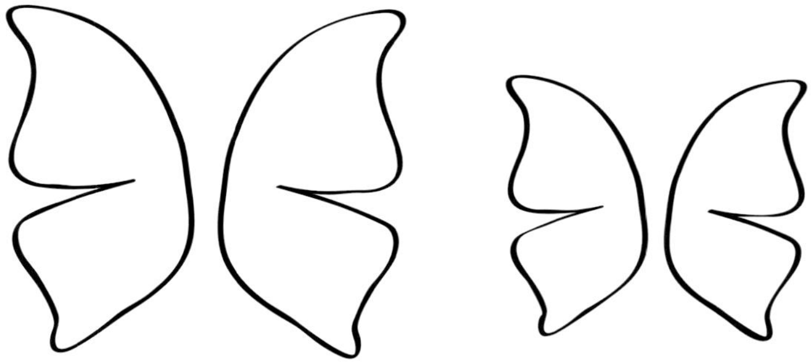

DOCINHOS COM BORBOLETAS
(pp. 116-7)
Moldes de borboletas

BISCOITO DO DIA DAS MÃES
(pp. 100-3)

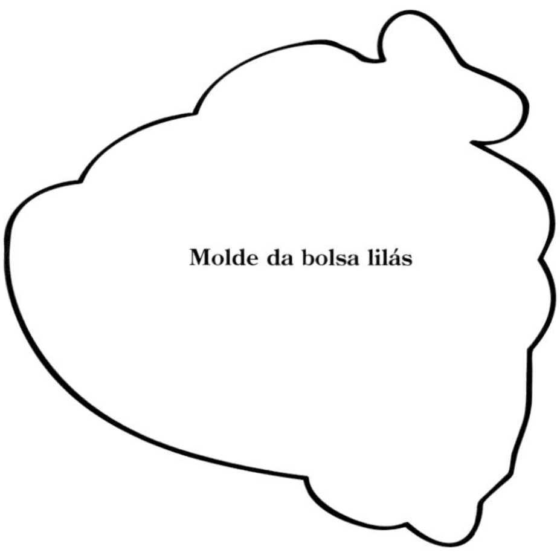

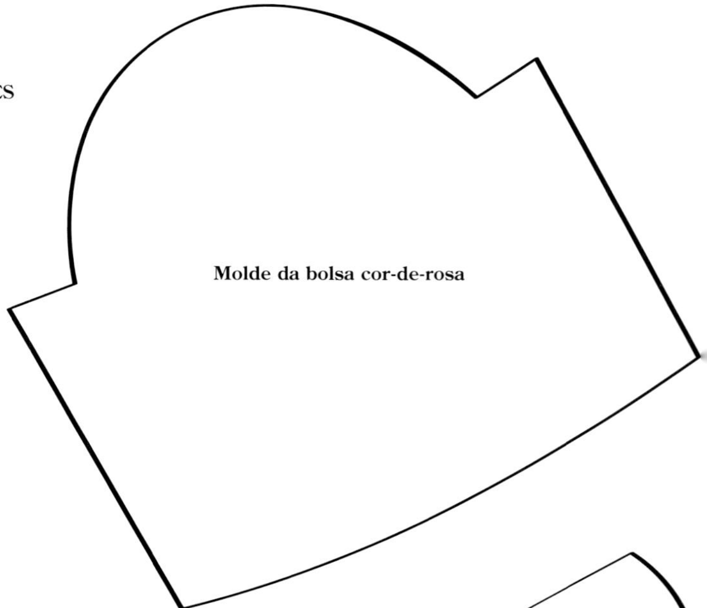

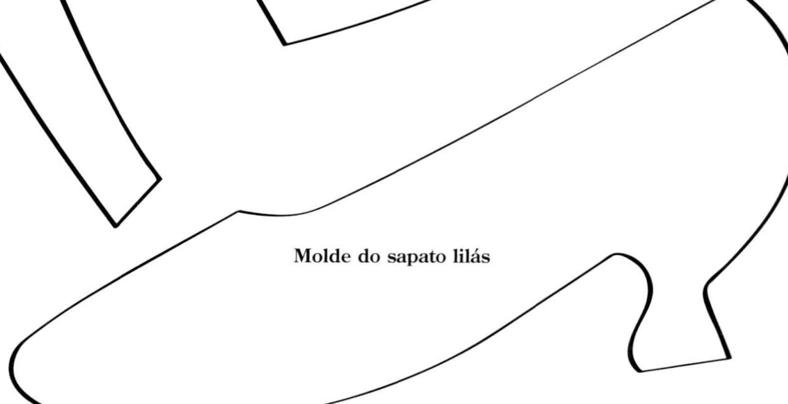

BOLO TRENÓ DO PAPAI NOEL
(pp. 106-7)

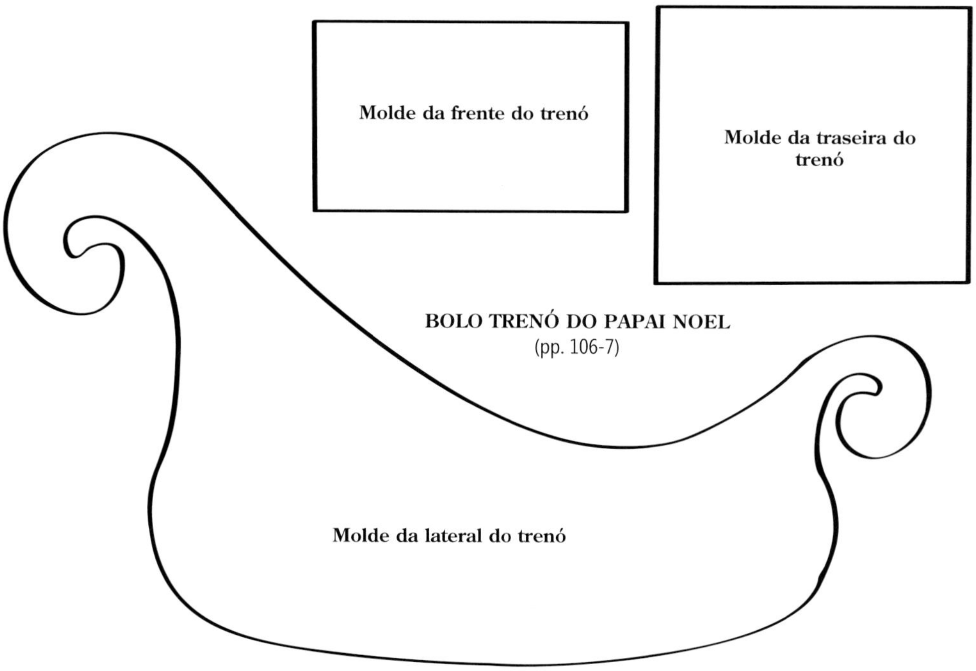

MINICÚPULAS DE ANIVERSÁRIO COM BORBOLETAS
(pp. 104-5)

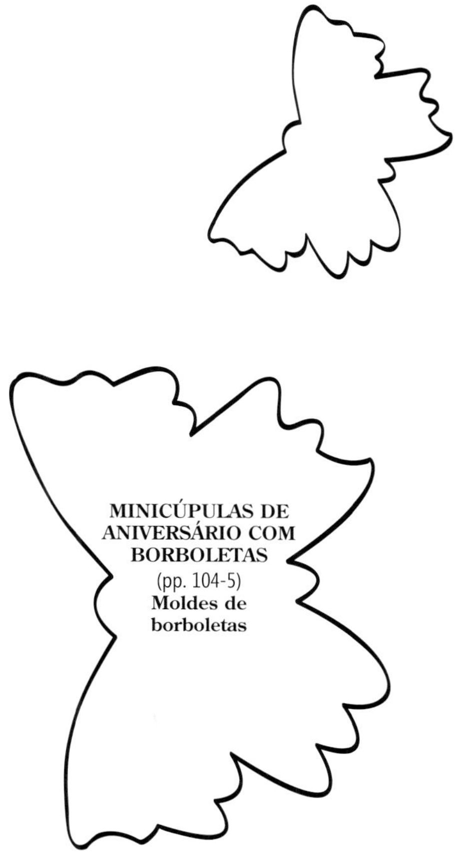

BISCOITO GALINHA DA PÁSCOA
(pp. 98-9)

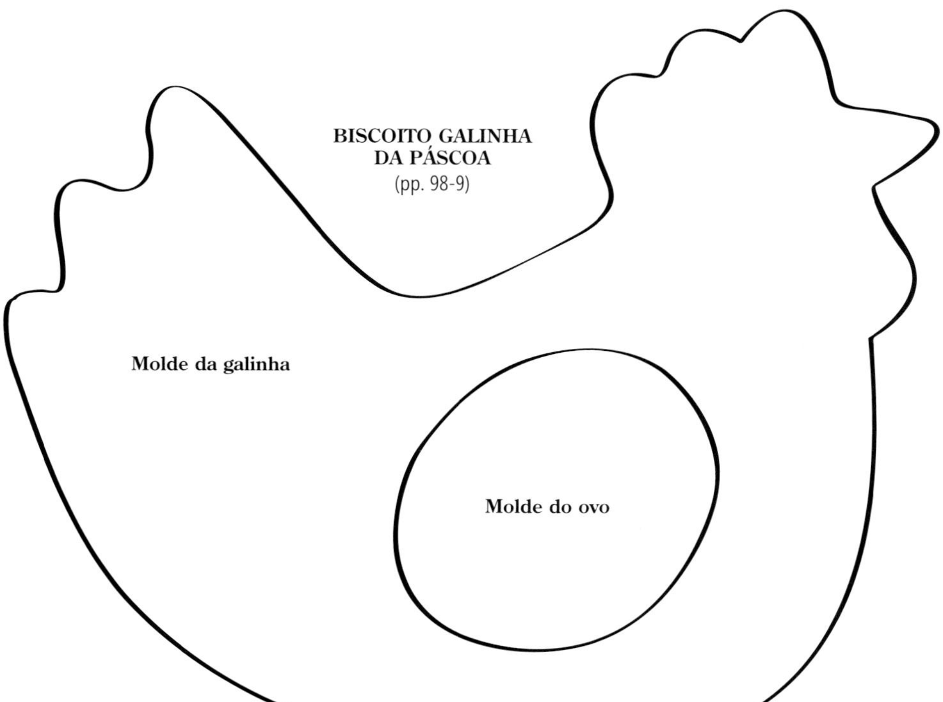

MINIBOLO MAGNÍFICO
(pp. 120-1)

Desenho com curvas

GUIA DE CONFEITARIA

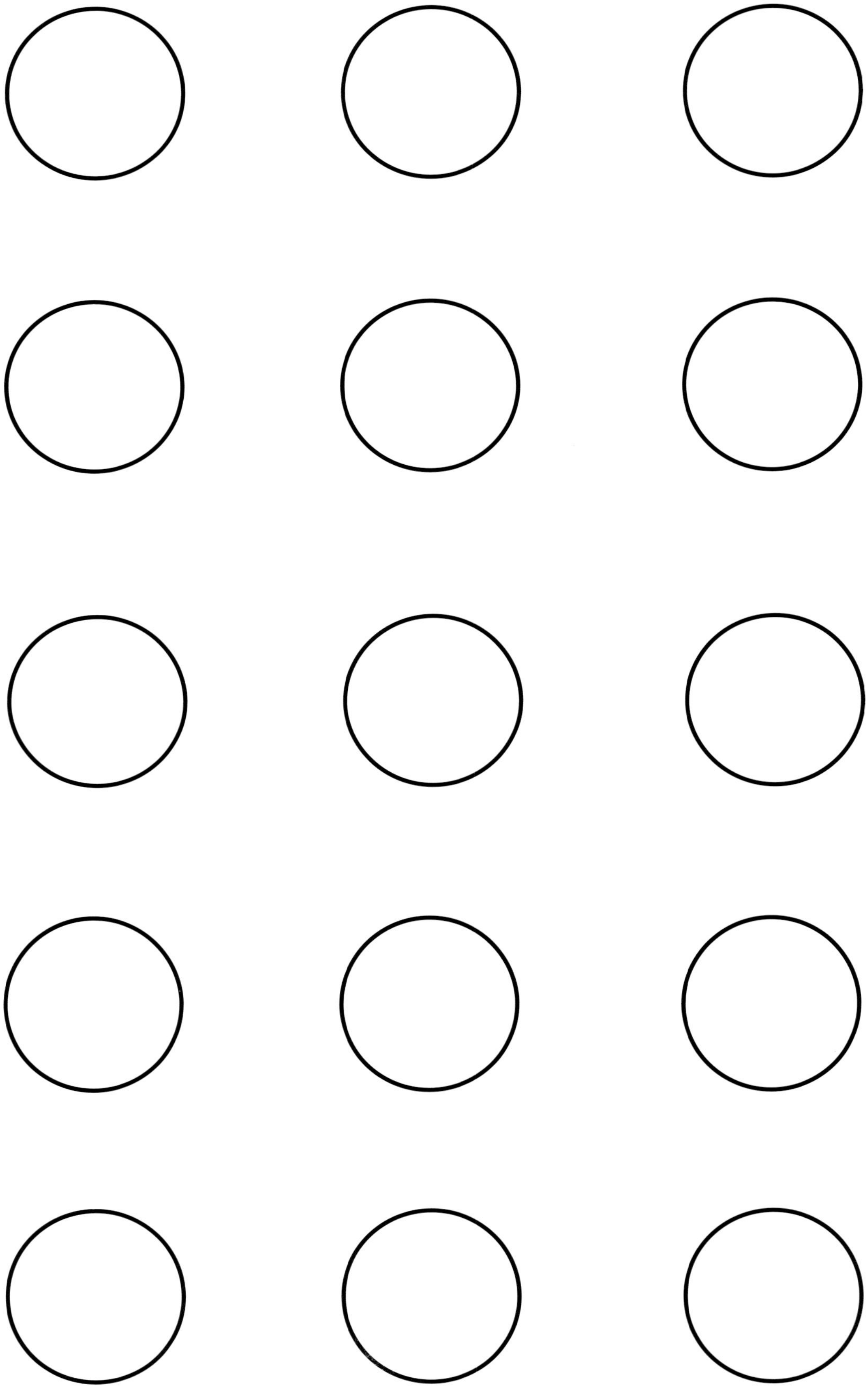

Para usar estas guias, copie cada uma sobre uma folha de papel ou cartolina. Para baixar a versão para impressão, acesse www.dbp.co.uk/icingonthecake (Alertamos que todo o conteúdo do site está em inglês).

GUIA DE POSICIONAMENTO DE VARETAS

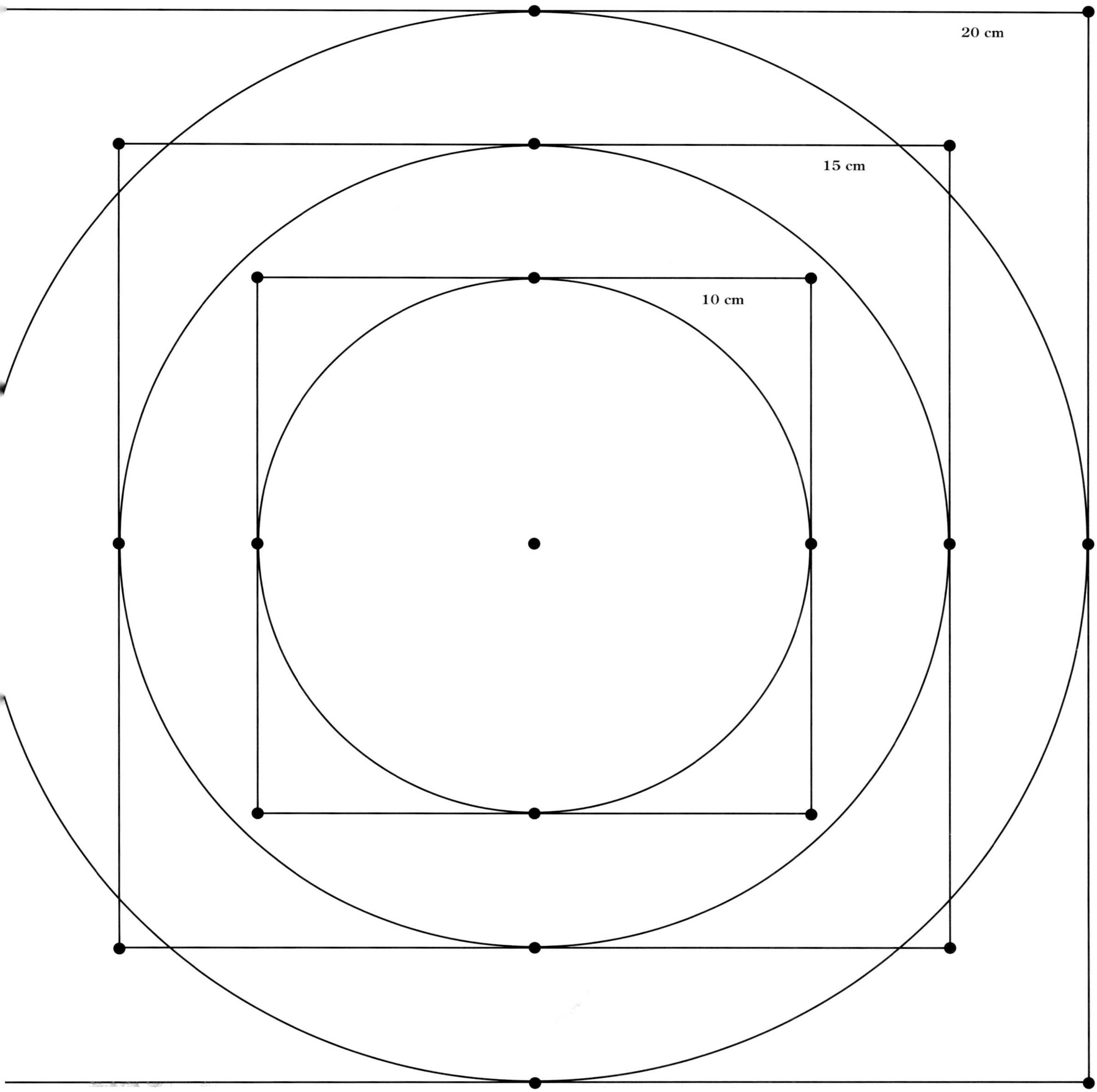

Índice

Endereços úteis

Sugestões de fornecedores de artigos para confeitaria em algumas capitais do país. Caso sua região não tenha sido citada, consulte os sites relacionados.

Belo Horizonte
Maria Chocolate
www.mariachocolate.com.br
(31) 2112-4955

Brasília
Rei das Embalagens
www.reidasembalagens.net
(61) 3533-5100

Porto Alegre
Armazém do Confeiteiro
www.armazemdoconfeiteiro.com.br
(51) 3228-9611

Rio de Janeiro
Arte no Bolo
www.artenobolo.com.br
(21) 2135-1667

Salvador
Bazar do Valter
www.bazardovalter.com.br
(71) 3506-7000

São Paulo
Bondinho
www.lojabondinho.com.br
(11) 3861-5530/3861-5540

SITES

Amazon
www.amazon.co.uk
[para comprar "milk modelling chocolate" (chocolate ao leite para modelar) e "dark modelling chocolate" (chocolate amargo para modelar")].

Arcolor
www.arcolor.com.br

Armarinhos Santa Cecília
www.armarinhosantacecilia.com.br

Barra Doce
www.barradoce.com.br

Cake & Art
www.cakeart.com.br

Celebrate
www.celebrate.com.br

Central do Sabor
www.centraldosabor.com.br

Chocoleste
www.chocoleste.com.br

Comercial Martini
www.comercialmartini.com.br

Dolce Festa
www.dolcefesta.com.br

Decorart
www.decorart.com.br

Kelly Magazine
www.kellymagazine.com.br

Mercantil Rodrigues
www.mercantilrodriguesmg.com.br

Agradecimentos

Que grande aventura foi o meu primeiro livro, e eu amei cada minuto.
Uma mistura de diversão e criatividade – com muito trabalho pesado junto. Espero que possa inspirar você a experimentar coisas que talvez nunca tenha imaginado ser capaz de fazer.

Meus agradecimentos a Grace Cheetham da Duncan Baird Publishers, por me oferecer a oportunidade de publicar este livro e pelo incentivo e apoio; a Manisha Patel, pelo talento e paciência infinita; a Krissy Mallett, pelas maravilhosas habilidades de edição e entusiasmo (para não falar de suas mãos de fada como minha dublê); e a Alison Bolus e Georgine Waller, que deram sentido ao meu texto inicial por meio de centenas de e-mails. Agradeço também ao meu fotógrafo, Jon Whitaker, por ter feito disto um momento muito feliz e por suas belas fotografias; aos assistentes do Jon, Thea, Ben e Simon; e a Lucy Harvey por seus adereços elegantes – muitos dos quais eu queria levar para mim.

No último ano, algumas vezes estive afastada da família. Por conta disso, um enorme agradecimento ao meu marido, Colin, e aos nossos filhos, Sam e Ben, pelo amor e compreensão enquanto escrevi esta obra. Obrigada também ao restante da família – minha mãe Valerie, meu pai John Miller, minha irmã Leigh Miller, meu irmão James Miller e sua esposa Michelle, por seu apoio e suporte. Agradeço também às amigas do vilarejo, Laura Carter e Sarah Jones, que estiveram lá no começo, e a Martha Allfrey, pelo encorajamento e inspiração (particularmente quando chegou a receita de brownie). E obrigada a todos que ajudaram ao longo do caminho: Poly Hawkins, Jemma Morgan, Annie Meston, Emily Van Eesteren e Sara Broome, para mencionar apenas algumas pessoas.

Obrigada a todos.

Agradecimentos aos fornecedores da edição original

Bakestore - www.bakestore.co.uk
Cake Craft World - www.cakecraftworld.co.uk
Cakes, Cookies and Crafts - www.cakescookiesandcraftshop.co.uk
Cake Decorating Accessories - www.cakedecoratingaccessories.co.uk
Cake Stuff - www.cake-stuff.com
John Lewis - www.johnlewis.com
Kit Box - www.kitbox.co.uk
Lakeland - www.lakeland.co.uk
Squires Kitchen - www.squires-shop.com
Sugarshack - www.sugarshack.co.uk
Windsor Cake Craft - www.windsorcakecraft.co.uk